Klaus Jürgen Diehl

Vom Glauben leise reden

Kleine Sprachschule

Ein Kurs für die Gemeinde

BRUNNEN

VERLAG GIESSEN · BASEL

Herausgegeben im Auftrag
des Amtes für missionarische Dienste
der Evangelischen Kirche von Westfalen,
Olpe 35, 44135 Dortmund.

2. Auflage 2002
© 2001 Brunnen Verlag Gießen
Umschlaggestaltung: Ralf Simon
Umschlagfoto: MEV Augsburg und
Petra Pönnighaus-Martin
Satz: DTP Brunnen
Herstellung: St.-Johannis-Druckerei, Lahr
ISBN 3-7655-6354-4

Inhaltsverzeichnis

Ein Wort zu Beginn 4

1. Warum Christen so oft stumm bleiben 6

2. Die Spuren Gottes im eigenen Leben entdecken 14

3. Von Lebensträumen und Hoffnungsbildern 22

4. Lebenserfahrungen an der Grenze 30

5. Glauben trotz ungelöster Fragen und Zweifel 38

6. Dem eigenen Glauben eine Sprache geben 49

7. Gespräche bei Gelegenheit 57

Quellenangaben 64

Ein Wort zu Beginn

Warum erröten? Über den Glauben redet man nicht. Religion ist schließlich Privat sache. Wir haben diesen Grundsatz so sehr verinnerlicht, dass selbst in kirchlichen Gruppen und Kreisen das offene Gespräch über Glaubensfragen eher die Ausnahme ist. Es hat den Anschein dass die Frage nach Gott und dem Glauben betretenes Schweigen und ein Gefühl der Peinlichkeit auslösen. Es ist, als wäre eins der letzten Tabus verletzt worden.

„Man errötet nicht mehr wegen der Sexualität, aber man errötet wegen der Religion", formuliert es der Wie ner Psychoanalytiker Viktor Frankl treffend. Aber haben wir uns als Christen damit abzufinden? Sollte nicht ein Gespräch über den Glauben möglich sein, in dem man miteinander offen und unverkrampft über das redet was das eigene Leben trägt – und dabei auch die Fra gen und Zweifel nicht ausklammert, die geblieben sind?

Hören hat Vorrang Allerdings müsste ein solches Gespräch behutsam erfolgen, denn allzu dick aufgetragene Glaubensbekenntnisse, mit missionari schem Eifer vorgetragen, blockieren nur den Dialog statt ihn zu ermöglichen. Darum hat das Hören vor allem eigenen Reden der Vorrang: das aufmerksame, einfühlsame Hinhören, bei dem ich zu verstehen versuche, was den andern bewegt und ihn distanziert oder fragend dem Glauben gegenüber sein lässt. Oder was ihn zu gänzlich anderen, mir fremden Glaubenserfahrungen geführt hat Soll ein Gespräch über den Glauben gelingen und von allen Be teiligten als bereichernd erlebt werden, dann bedarf es zunächst der Bereitschaft zum Zuhören, Anteilnehmen und Verstehen der jeweils anderen Gesprächspartner.

Sprachlosigkeit überwinden Schließlich stehen wir vor der Herausforderung, den Glauben in einer Sprache zu kommunizieren, die von allen verstanden wird Die oft zitierte „Sprachlosigkeit im Glauben" rührt ja nicht allein vom Gefühl der Peinlichkeit und Scham angesichts des Themas her sondern ist auch Ausdruck unserer Unbeholfenheit, dem Glauben die richtigen Worte zu verleihen. Christen sind oft in einer kirchlichen Insidersprache gefangen, die ihnen zwar geläufig ist, aber sich häufig nicht mit den eigenen Alltagserfahrungen verbinden lässt. Genauso wenig wird sie von denen verstanden, die nicht von Kindheit an mit einer solchen Sprache vertraut gemacht wurden. Wollen wir miteinander verständlich über den Glauben reden, dann müssen wir auch Übersetzungsarbeit leisten und die großen biblischen Erkenntnisse und Wahrheiten in unser alltägliches Leben hinein dolmetschen.

Die vorliegende kleine „Sprachschule des Glaubens" möchte in den Gemeinden Menschen miteinander ins Gespräch bringen, die sich in einem behutsam geführten Dialog über ihren eigenen Glauben Klarheit verschaffen wollen. Sind sie aber in diesem Glauben gewisser geworden, möchten sie ihn in einer verständlichen Sprache mit anderen teilen.

Miteinander ins Gespräch kommen

Dies kann in einer Frauenhilfe ebenso geschehen wie in einem Hauskreis – oder in der Sitzung des Presbyteriums auf dieselbe Weise wie mit Kindergottesdienstmitarbeiterinnen und -mitarbeitern.

In jedem Fall dürfen solche Gespräche von der Zuversicht bestimmt sein, dass sich Gott selbst uns in diesen Begegnungen zu erkennen gibt. Sein Geist wird uns die Augen für seine Wirklichkeit und sein Handeln an uns und dieser Welt öffnen.

Dieser Kurs umfasst sieben Themen: Man kann dabei das Buch als Gesprächsleitfaden für einen systematisch durchgeführten Kurs mit interessierten Teilnehmerinnen und Teilnehmern nutzen. Es ist aber ebenso auch möglich, einzelne Themen herauszugreifen und das Gespräch darüber anzustoßen.

Sieben Themen

Klaus Jürgen Diehl

1. Warum Christen so oft stumm bleiben

Sie gilt als „die Kirche des Wortes": In ihr wird gepredigt, unterrichtet, diskutiert – und gelegentlich auch gestritten. Nur eines findet man in dieser Kirche immer seltener: das offene Gespräch von Christinnen und Christen über den eigenen Glauben; das deutlich artikulierte Interesse an den Glaubenserfahrungen anderer und die ehrliche Bereitschaft, vom Glauben und den Zweifeln anderer zu lernen.

> *„Man errötet nicht mehr wegen der Sexualität,*
> *aber man errötet wegen der Religion"*
> VIKTOR FRANKL

Ich schäme mich

Gott und Glaube sind weithin ausgeklammert in unseren Gesprächen. Fast hat es den Anschein, als ob uns dieses Thema peinlich ist und wir darum lieber verschämt darüber schweigen. Wo der Apostel *Paulus* noch von sich sagen konnte: *„Ich schäme mich des Evangeliums nicht!"* (Römer 1,16), da halten *wir* oft lieber verschämt den Mund.
Lothar Zenetti bringt es in einem ehrlichen Bekenntnis auf den Punkt:

Ich schäme mich
Was sage ich einem Menschen
der am Ende ist?
Was sage ich ihm
unter vier Augen in seine Sorgen
am Grab der Liebe in sein Alleinsein
am Krankenbett in seine Schmerzen
im Todeskampf in seine Angst?
Sage ich auch:
Kann man nichts machen

es erwischt jeden einmal
nur nicht den Mut verlieren
nimm's nicht so schwer
vielleicht ist's morgen schon besser
sage ich das?
Sage ich nichts als das?
Ich sollte doch kennen
den einen und einzigen Namen
der uns gegeben ist unter dem Himmel.
Ich kenne ihn auch –
und doch schweige ich.
Ich schäme mich.

Impulse   Impulse   Impulse   Impulse   Impulse

Nach diesem sehr persönlichen Text wollen wir uns in kleinen Gruppen jeweils zu zweit oder dritt fragen: Sind es vor allem die Gefühle von Peinlichkeit und Scham, die uns Christen den einen, entscheidenden Namen, *der uns gegeben ist unter dem Himmel* – eine Formulierung aus der Bibel, einem Bekenntnis des Petrus: Apostelgeschichte 4,12 –, verschweigen lässt? Wo sehen Sie die Ursachen n der häufig anzutreffenden Sprachlosigkeit im Glauben?

Bitte überprüfen Sie die vorgegebenen Antwortmöglichkeiten. Welche treffen von Ihren eigenen Erfahrungen bzw. Einschätzungen her zu? Ergänzen Sie u.U. die Liste um andere Ursachen für das Stummsein von Christen. Nehmen Sie sich zunächst ruhig einige Minuten Zeit, in denen jeder bzw. jede Einzelne die vorgegebenen Antwortmöglichkeiten auf ihre Stichhaltigkeit hin prüft, bevor Sie sich in der gesamten Gruppe gemeinsam über Ihre Einschätzungen austauschen.

Warum Christen so oft stumm bleiben

Bitte tragen Sie ein:	Trifft zu						Trifft nicht zu:
	3	2	1	0	-1	-2	-3

1. Religion ist Privatsache!
In unserer Gesellschaft redet man nicht öffentlich über den Glauben:
Er ist etwas rein Persönliches.   ☐

2. Theologische Experten sind gefragt!
Über den Glauben können und sollen die reden, die dafür theologisch
ausgebildet sind.   ☐

3. Nur kein frommes Geschwätz!
Manche Glaubens-Bekenntnisse wirken völlig deplatziert: ☐
Nicht auf jeden Topf passt ein frommer Deckel.

4. Es fehlen die Worte!
Es fehlen Übung und Erfahrung, mit einfachen Worten verständlich ☐
vom Glauben zu reden.

5. Kirche und christlicher Glaube haben ein schlechtes Image!
Wer vom Glauben redet und sich dazu zur Kirche bekennt, ☐
macht sich damit in der Öffentlichkeit eher unbeliebt.

6. Der eigene Glaube steht auf wackeligen Füßen!
Wenn man in vielen Glaubensdingen unsicher ist, sollte man lieber ☐
den Mund halten.

7. _____

_____

_____

Tauschen Sie sich über die vorgegebenen Antworten aus, die Ihrer Einschätzung nach als Ursachen für das Schweigen der Christen am ehesten zutreffen. Versuchen Sie nach Möglichkeit, Ihre Einschätzung von konkreten Erfahrungen bzw. Erlebnissen her zu begründen. Dabei wollen wir von Anfang an das Ziel unserer Begegnungen und Gespräche nicht aus den Augen verlieren: Mut zu fassen, wenn auch mit zaghaften Worten von dem zu sprechen, was das eigene Leben trägt und was uns hoffen lässt.

Wir gehen einen Schritt weiter, in dem wir einen

Perspektivwechsel

vornehmen: Wir fragen uns, wie Christinnen und Christen, die ihren Glauben aus unterschiedlichen Gründen verschweigen, von anderen Menschen angesehen und eingeschätzt werden. Schauen wir zunächst auf einige Zitate:

Wo habt ihr Christen bloß die Gnade Gottes versteckt?

Frage einer verzweifelten jungen Frau in dem Roman „Tage-buch eines jungen Landpfarrers" von GEORGE BERNANOS, FRANZÖSISCHER SCHRIFTSTELLER

Die Christen haben wegen ihrer Sprachlosigkeit Angst vor den anderen, die sie belachen.

TATJANA GORITSCHEWA, RUSSISCHE DISSIDENTIN

Für die Kirche besteht die Gefahr, dass eine Zeit kommen wird, wo sie nur ein Mikrofon zu nehmen braucht, um festzustellen, dass sie der Welt gar nichts zu sagen hat.

CHARLES TEMPLETON, PHILANTHROP UND MÄZEN

Die Taten der Christen reden eine lautere Sprache als ihre Worte – und beides passt nicht zusammen.

EIN JUNGER MANN

Die Christen müssten mir erlöster aussehen, wenn ich an ihren Erlöser glauben sollte.

FRIEDRICH NIETZSCHE, PHILOSOPH

Am ehesten interessieren mich Christen, die sich offen zu ihrem Glauben bekennen, auch wenn sie das bei anderen Sympathien kostet.

EINE SCHÜLERIN IM RELIGIONSUNTERRICHT

9

Impulse Impulse Impulse Impulse Impulse

Hinter diesen Zitaten verbirgt sich nicht nur eine kritische Einschätzung des Verhaltens von Christen, sondern auch eine positive Erwartung. Machen Sie sich im gemeinsamen Gespräch klar, welche unausgesprochenen Erwartungen an Christen sich mit diesen Zitaten verbinden.

Notieren Sie sich in Stichworten, was Sie herausgefunden haben:

ERWARTUNGEN AN CHRISTEN:

Wenn wir Christinnen und Christen das Tabu unseres Schweigens knacken und die Sprachlosigkeit im Glauben überwinden wollen, dann sind zunächst einige Einsichten hilfreich. *Viktor E. Frankl* vermittelt uns Folgendes:

> *Wollen wir eine Brücke schlagen von Mensch zu Mensch – und dies gilt auch für die Brücke des miteinander Redens und Verstehens – so müssen die Brückenköpfe eben nicht Köpfe, sondern die Herzen sein.*

Für das Gelingen eines Gesprächs über den Glauben ist der Aufbau einer persönlichen Vertrauensbeziehung die entscheidende Brücke, auf der es zur Begegnung und zu einem wechselseitigen Verstehen kommen kann. Am Anfang steht das ehrliche Interesse an der Person meines Gesprächspartners: an seinen Erfahrungen und Fragen, seinen Sehnsüchten und Enttäuschungen.

Ein Brückenschlag von Herz zu Herz

Zu lernen ist zuallererst die Fähigkeit, sich ihm persönlich zuzuwenden und sich hörend, fragend, Anteil nehmend in seine Lebenssituation einzufühlen. Solche Anteilnahme schließt füreinander auf, während jedes Reden von Christen, das die Tendenz zum Predigen oder Belehren hat, entweder zu Abwehrreaktionen oder zu Selbstrechtfertigungsversuchen aufseiten des Gesprächspartners führt. Wir müssen uns von der falschen Vorstellung lösen, ein Gespräch über den Glauben sei nur dann sinnvoll, wenn ich darin der Gebende bin und den anderen möglichst von meinen Argumenten überzeugen kann.

Überzeugen – nicht überreden

Tatsache aber ist: Stimmt die „Chemie", d.h. die persönliche Beziehung zwischen zwei Gesprächspartnern nicht, haben auch die sachlichsten und überzeugendsten Argumente keine Chance, gehört und bedacht zu werden.

Von Jesus lernen

Von Jesus selbst können wir lernen, wie wir in einem Gespräch den Menschen dort aufsuchen, wo *er* sich gerade mit seinen Fragen, Zweifeln, Ängsten und Wünschen befindet – und nicht dort, wo *wir* uns gerade befinden oder wo *wir* den anderen gern haben möchten.

Nicht selten beginnt Jesus die Begegnung und das Gespräch mit einer Frage, die seinem Gegenüber die Gelegenheit gibt, das auszusprechen, was ihn gerade bewegt und beschäftigt.

Einfühlsam verstehen –	Mit der Frage:
	„Was sucht ihr?" (Johannes 1,38)
persönlich Anteil nehmen –	gibt Jesus zwei jungen Männern die Chance, sich über ihre Absichten und Ziele klar zu werden und ihre Erwartungen an ihn konkret auszusprechen, ohne lange um den heißen Brei herumzureden.
Fragen stellen	Dem seit 38 Jahren Kranken am Teich Bethesda stellt Jesus die Frage:

„Willst du gesund werden?" (Johannes 5,6)

Man könnte denken: Eine völlig überflüssige Frage! Aber Jesus möchte den Kranken nicht zum stummen Objekt seines barmherzigen Handelns machen, sondern ihn in seinem ausdrücklichen Wollen ernst nehmen. Jesus gibt einem Menschen, den nie einer gefragt hat, die Chance, seinen geheimsten Wunsch offen auszusprechen.

Wir können Jesus für unsere Begegnungen heute nicht einfach kopieren. Aber wir können von ihm lernen, wie wir uns um ein einfühlsames Verstehen des anderen bemühen, indem wir zunächst Fragen stellen und zuhören, bevor wir reden. Dabei sollte allerdings klar sein, dass der Gesprächspartner die Freiheit behält, selbst zu entscheiden, ob und wie persönlich er auf diese Fragen eingeht.

Impulse   Impulse   Impulse   Impulse   Impulse

Zum Abschluss dieser Themen-Runde machen wir eine kleine **Gesprächs-Übung**, zu der sich jeweils zwei Partner aus der Gruppe zusammen setzen, die sich nach Möglichkeit persönlich bisher noch nicht näher kennen. Da man nicht weiß, was den anderen bewegt, welche Ziele er für sein Leben verfolgt, welche Erfahrungen für sein Leben prägend waren, versuchen wir, so viel wie möglich durch einfühlsames Fragen vom anderen zu erfahren. Dabei gilt auch hier der Grundsatz: Der Gefragte ist frei darin, nur so viel von sich selbst preiszugeben, wie er möchte.

Die Gesprächsrunde kann mit dem gemeinsam gesungenen Lied –
oder als gesprochenes Gebet – abgeschlossen werden:

Ich schweige, wenn ich reden sollte, und wenn ich einmal hören sollte,
dann kann ich's plötzlich nicht, dann kann ich's plötzlich nicht.
Herr, hilf das Rechte sagen. Hilf uns das Gute wagen.
Hilf uns das Gute wagen. Herr, hilf das Rechte tun.

Ich glaube, wenn ich zweifeln sollte, und wenn mein Glaube tragen
sollte, dann bin ich tatenlos, dann bin ich tatenlos.
Hilf uns das Gute wagen. Hilf uns das Gute wagen.
Herr, hilf das Rechte tun.

Ich zweifle, wenn ich glauben sollte, und wenn ich kritisch fragen sollte,
dann nehm ich alles an, dann nehm ich alles an.
Hilf uns das Gute wagen. Hilf uns das Gute wagen.
Herr, hilf das Rechte tun.

Ich rede, wenn ich schweigen sollte
Text: Kurt Rommel
Melodie: Günter Elsässer
© by Gustav Bosse Verlag, Kassel

2. Die Spuren Gottes im eigenen Leben entdecken

persönlich gesagt

Wenn wir miteinander über den Glauben ins Gespräch kommen wollen, dann geht es dabei nicht um einen Austausch der früher einmal erworbenen Bibelkenntnisse oder des noch vorhandenen Katechismus-Wissens. Gefragt sind bei solchen Gesprächen nicht fromme Floskeln oder dogmatisches Kopfwissen. Entscheidend ist vielmehr, dass wir übersetzen können, was die Glaubenstraditionen, die wir sonntags im Gottesdienst bekennen, für unser persönliches Leben bedeuten. Dabei kommt es auf Authentizität, also auf Echtheit an: Spannend werden solche Gespräche immer dann, wo wir persönlich vom Glauben reden – d.h., wenn wir „ich" sagen und nicht in das unpersönliche „man" ausweichen; wenn wir von dem erzählen, was wir als Gottes Handeln in unserem Leben erfahren haben und was uns der Glaube an Jesus bedeutet. Zum persönlichen Reden vom Glauben gehört auch der Mut, die offen gebliebenen Zweifel, Fragen und Unsicherheiten auszusprechen.

Es wäre unredlich, uns im Reden vom Glauben standfester und glaubensgewisser zu geben, als wir in Wirklichkeit sind. Die Bibel kann uns darin eine gute Lehrmeisterin sein: Denn sie erzählt z.B. offen und ungeschminkt nicht nur von den erhebenden Momenten im Leben der Propheten und Apostel, sondern ebenso von ihren dunklen Stunden und ihrem Versagen.

Spuren im Sand

In den vergangenen Jahren ist ein Gedicht um die Welt gegangen, das Millionen von Menschen bewegt hat, in dem sie sich mit ihrem Leben wieder fanden und dabei dem Handeln Gottes in ihrem Leben auf die Spur kamen. Dieses Gedicht stammt von der Deutsch-Kanadierin *Margret Fishback Powers*. Als junge Frau schrieb sie 1964 in einer Phase der Lebensorientierung:

Ein Gedicht geht um die Welt

Eines Nachts hatte ich einen Traum:
Ich ging am Meer entlang mit meinem Herrn.
Vor dem dunklen Nachthimmel
erstrahlten, Streiflichtern gleich,

Bilder aus meinem Leben.
Und jedesmal sah ich zwei Fußspuren im Sand,
meine eigene und die meines Herrn.
Als das letzte Bild an meinen Augen
vorübergezogen war, blickte ich zurück.
Ich erschrak, als ich entdeckte,
dass an vielen Stellen meines Lebensweges
nur eine Spur zu sehen war.
Und das waren gerade die schwersten
Zeiten meines Lebens.
Besorgt fragte ich den Herrn:
„Herr, als ich anfing, dir nachzufolgen,
da hast du mir versprochen,
auf allen Wegen bei mir zu sein.
Aber jetzt entdecke ich,
dass in den schwersten Zeiten meines Lebens
nur eine Spur im Sand zu sehen ist.
Warum hast du mich allein gelassen,
als ich dich am meisten brauchte?"
Da antwortete er: „Mein liebes Kind,
ich liebe dich und werde dich nie allein lassen,
erst recht nicht in Nöten und Schwierigkeiten.
Dort, wo du nur eine Spur gesehen hast,
da habe ich dich getragen."

Wie viele andere Menschen hat auch *Margaret Fishback Powers* in
ihrem Leben schwere Zeiten durchgemacht. In solchen Zeiten fühl-
te sie sich allein gelassen – auch von Gott. Sie spürte nichts von seiner helfenden Nähe. Besorgte Fragen und Klagen stieg in ihr auf:
„Gott, warum lässt du mich jetzt im Stich?"
Bis ihr im Traum die Augen für die Wirklichkeit geöffnet werden:
In den dunkelsten Stunden ihres Lebens, als sie von Gottes Nähe
nichts spürte, war sie dennoch von Gott gehalten und getragen.

Impulse   Impulse   Impulse   Impulse   Impulse

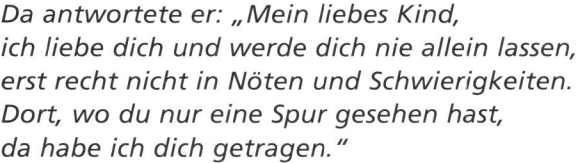

Nehmen Sie das Gedicht zum Anlass, um zunächst jeder für sich folgende Frage zu beantworten:
- Haben Sie in Ihrem eigenen Leben ähnliche Erfahrungen gemacht, wie sie in dem
  Gedicht zum Ausdruck kommen?
- Versuchen Sie anschließend, mit einigen wenigen Stichworten diese vom Glauben
  her gedeuteten persönlichen Erlebnisse in die Fußspuren auf der nächsten Seite
  einzutragen.

- In einem nächsten Schritt könnten diese Erfahrungen auf einem ausgeschnittenem Papierfuß eingetragen und auf den Boden gelegt werden. Wer möchte, kann seine Erfahrung der Gruppe kurz erzählen. – Die kurzen Berichte über die im eigenen Leben entdeckten Spuren Gottes werden mit der gemeinsam erörterten Frage abgeschlossen: Was könnte jemand, dem Gott und Glauben bisher fremd sind, gegen diese Deutung der „Spuren im Sand" einwenden?
- In einem nächsten Schritt könnten diese Erfahrungen auf einem ausgeschnittenem Papierfuß eingetragen und auf den Boden gelegt werden. Wer möchte, kann seine Erfahrung der Gruppe kurz erzählen. – Die kurzen Berichte über die im eigenen Leben entdeckten Spuren Gottes werden mit der gemeinsam erörterten Frage abgeschlossen: Was könnte jemand, dem Gott und Glauben bisher fremd sind, gegen diese Deutung der „Spuren im Sand" einwenden?

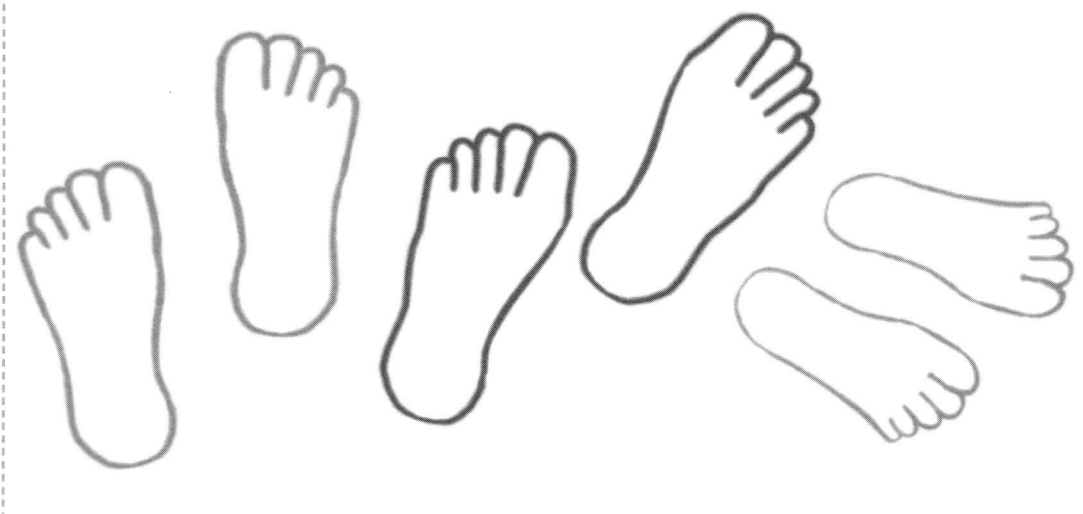

Das eigene Leben entschlüsseln

Menschen, die in ihrem Leben das Gleiche erlebt haben, können diese Erlebnisse ganz unterschiedlich deuten. Denn alle unsere Erlebnisse sind prinzipiell mehrdeutig. So beurteilten z. B. Reisende, die ein schweres Zugunglück wie durch ein Wunder unverletzt überlebt haben, dieselbe Tatsache völlig verschieden:

„Glück gehabt!"
„Das Schicksal hat es gut mit mir gemeint!"
„Meine Zeit war noch nicht gekommen!"
„Gott hat seine schützende Hand über mich gehalten!"

Ähnliches ließe sich auch bei Erfahrungen von Leid und Unglück sagen:

„Womit habe ich das verdient?"
„Warum musste das gerade mir passieren?"
„Das Schicksal ist so grausam zu mir!"
„Ich kann Gott nicht verstehen, aber ich möchte ihm trotzdem weiter vertrauen!"

Das Gleiche erlebt – und doch verschiedene Erfahrungen gesammelt.

Die ganz unterschiedlichen Reaktionen sind darin begründet, dass Menschen mit verschiedenen „Schlüsseln" ihr Leben deuten: Wer überzeugt ist, ohne Gott auf sich gestellt sein Leben zu meistern, den wird das Gelingen um so selbstsicherer machen. Ein Scheitern hingegen wird ihn womöglich in Selbstzweifel oder Verzweiflung treiben. Wer sich von einer unfassbaren Schicksalsmacht abhängig sieht, der versucht, gelassen oder ergeben hinzunehmen, was das Schicksal für ihn bereithält. Wer sich hingegen im Glauben bei Gott geborgen weiß, der wird die glücklichen Zeiten dankbar aus Gottes Hand nehmen und im Leid an der ihm zugesprochenen Barmherzigkeit festhalten.

> *Der Glaube ist der Schlüssel, mit dem Christen die unterschiedlichen Erfahrungen in ihrem Leben deuten. Dieser Glaube gründet sich auf Zusagen Gottes, die er uns in seinem Wort macht. Der Glaube nimmt Gott beim Wort – und er macht dabei die Erfahrung, dass Gott zu seinem Wort steht.*

Schlüsselsatz

Impulse   Impulse   Impulse   Impulse   Impulse

Wir bilden Dreier-Gruppen und gehen in einer kleinen *Erzähl-Übung* der Frage nach: Wo habe ich schon einmal eine Glaubenserfahrung gemacht, weil ich Gott beim Wort genommen und seine Zusagen bzw. seinen Anspruch an mein Leben „ausprobiert" habe? Sie können dazu ein eigenes Bibelwort (z.B. Tauf- oder Konfirmationsspruch) auswählen oder sich für eins der folgenden Worte entscheiden. Dabei kann die Erfahrung ja durchaus auch in einer Enttäuschung z.B. einem nicht erhörten Gebet oder einer ausgebliebenen Hilfe Gottes bestehen. Erzählen Sie sich in der Dreier-Gruppe von positiven oder auch enttäuschenden Erfahrungen, die Sie mit diesem Bibelwort gemacht haben:

- *Rufe mich an in der Not, so will ich dich erretten, so sollst du mich preisen (Psalm 50,15).*
- *Fürchte dich nicht, denn ich habe dich erlöst. Ich habe dich bei deinem Namen gerufen; du bist mein! (Jesaja 43,1).*

- *Es sollen wohl Berge weichen und Hügel hinfallen, aber meine Gnade soll nicht von dir weichen, und der Bund meines Friedens soll nicht hinfallen, spricht der Herr, dein Erbarmer (Jesaja 54,10).*
- *Und ob ich schon wanderte im finstern Tal, fürchte ich kein Unglück; denn du bist bei mir, dein Stecken und Stab trösten mich (Psalm 23,4).*
- *Lass dir an meiner Gnade genügen, denn meine Kraft ist in den Schwachen mächtig (2. Korinther 12,9).*
- *Wenn euch nun der Sohn frei macht, so seid ihr wirklich frei (Johannes 8,36).*
- *Wer diese meine Rede hört und tut sie, der gleicht einem klugen Mann, der sein Haus auf Felsen baute (Matthäus 7,24).*
- *Einer trage des andern Last, so werdet ihr das Gesetz Christi erfüllen (Galater 6,2).*

Wir machen dort Glaubenserfahrungen, wo wir Gott beim Wort nehmen. Wie Gott dabei erfahren wird, das entscheidet er selbst in seiner Souveränität. Aber er hat uns in der Bibel Orte seiner Erfahrbarkeit vorgegeben:

Orte der Gotteserfahrung

Das Gebet

Der Herr ist nahe allen, die ihn anrufen, allen, die ihn ernstlich anrufen.

Psalm 145,18

Ihr sucht in der Schrift, denn ihr meint, ihr habt das ewige Leben darin; und sie ist's, die von mir zeugt. Johannes 5,39

Die Bibel

Die Gemeinde / der Gottesdienst

Wo zwei oder drei in meinem Namen versammelt sind, da bin ich mitten unter ihnen. Matthäus 18,20

Das Gebet, die Bibel und die Gemeinde bzw. der Gottesdienst sind entscheidende Orte, an denen wir Gotteserfahrungen machen sollen. Wer diese Orte bewusst außer Acht lässt, verpasst womöglich die Chance, Gott näher kennen zu lernen. Natürlich können Menschen überraschende Erfahrungen mit Gott auch an anderen Stellen machen, z.B. in einer wunderbaren Bewahrung, in Krankheits- und Notzeiten – oder auch bei der Geburt eines Kindes. Aber eindeutig werden diese Erfahrungen meist erst dadurch, dass wir sie in Beziehung zu den Zusagen Gottes setzen, die uns von der Bibel her vertraut sind.

Manche Menschen sagen, dass sie Gott in der Natur finden und darum ihren Gottes-
dienst lieber bei einem sonntäglichen Spaziergang im „Waldesdom" feiern als in einer
Kirche. Andere suchen bewusst bestimmte magische Orte auf – in der Überzeugung,
Gott dort besonders nahe zu sein und Anschluss zu finden an göttliche Energiequellen.

Frage

Worin bestehen die entscheidenden Unterschiede im Glauben bzw. im Gottesver-
ständnis zwischen Christen und solchen Andersgläubigen? Gibt es Gemeinsamkeiten?

Ohne Glauben geht es nicht

Halten wir noch einmal fest: Glaubenserfahrungen sind von Gott
her und auf ihn hin gedeutete Erlebnisse. Dabei gilt: Ein Christ und
ein Nichtchrist können das Gleiche erleben – und dabei doch völlig
unterschiedliche Erfahrungen sammeln, weil sie das Erlebte anders
deuten.

Verschiedene Deutungen für das gleiche Erlebnis

Wer den Glauben an den in der Bibel offenbarten Gott als Schlüssel zur Deutung seines Lebens wählt, sollte jedoch wissen: Auch ein
Nichtchrist wird seine vielfältigen Erlebnisse auslegen. Auch er versucht, sein Leben zu entschlüsseln und zu interpretieren. Sein
Schlüssel mag ein Schicksals- oder Zufallsglaube sein; vielleicht gibt
eine bestimmte Philosophie oder Esoterik den Deutungsrahmen
für seine Existenz ab. Wenn wir Christen von Gott sprechen, dann
müssen wir uns dessen nicht schämen oder uns gar dafür entschul-
digen. Denn dann begegnen sich nicht ein „naiver Glaube" bei uns
mit einem „aufgeklärten Denken" beim anderen. Es begegnen
sich vielmehr zwei Glaubensbekenntnisse. Denn die Entscheidung
für einen bestimmten Schlüssel, mit dem ich mein Leben deute, ist
im Kern immer ein Glaubensakt. Wer im Gespräch mit Nichtchristen sein Leben im Lichte des Evangeliums auslegt, der hinterfragt
damit zugleich seinen Gesprächspartner, von woher und auf was
hin er sein Leben deutet und was für ihn der entscheidende Schlüssel ist, dem Geheimnis seines Lebens auf die Spur zu kommen.
Mit einer solchen Klärung aber wäre für einen echten Dialog über
den Glauben schon viel gewonnen. Dabei soll nicht verschwiegen
werden, dass man auch bei Menschen, die sich selbst als Nichtchristen bezeichnen, Wichtiges für das eigene Leben abschauen kann.

Immer geht es um Glauben – auch bei Nichtchristen

„Dein bin ich, o Gott"

Dietrich Bonhoeffer ist in der schweren Zeit seiner Gefängnis-Haft (ab 1943) immer wieder hin- und hergerissen worden von schwankenden Stimmungen und Selbsteinschätzungen. Eingepfercht in seiner Gefängniszelle bewegt ihn die Frage nach sich selbst immer mehr: Wer bin ich? Soll er sich an der stets schwankenden Selbsteinschätzung orientieren – oder sich auf den Eindruck verlassen, den er bei anderen Häftlingen und seinen Wärtern hinterlässt?

Geborgenheit bei Gott als Schlüssel der Selbsterkenntnis

Bonhoeffer findet weder in sich selbst noch im Urteil anderer den verlässlichen Schlüssel zur Deutung seines Lebens. Die entscheidende Selbsterkenntnis wird ihm erst da zuteil, wo er sich als ein zutiefst bei Gott Geborgener begreifen kann. In einem ergreifenden Gedicht schreibt er:

„Wer bin ich?"

Wer bin ich? Sie sagen mir oft,
ich träte aus meiner Zelle
gelassen und heiter und fest
wie ein Gutsherr aus seinem Schloß.

Wer bin ich? Sie sagen mir oft,
ich spräche mit meinen Bewachern
frei und freundlich und klar,
als hätte ich zu gebieten.

Wer bin ich? Sie sagen mir auch,
ich trüge die Tage des Unglücks
gleichmütig, lächelnd und stolz,
wie einer, der Siegen gewohnt ist.

Bin ich das wirklich, was andere von mir sagen?
Oder bin ich nur das, was ich selbst von mir weiß?
Unruhig, sehnsüchtig, krank, wie ein Vogel im Käfig,
ringend nach Lebensatem, als würgte mir einer die Kehle,
hungernd nach Farben, nach Blumen, nach Vogelstimmen,
dürstend nach guten Worten, nach menschlicher Nähe,
zitternd vor Zorn über Willkür und kleinlichste Kränkung,
umgetrieben vom Warten auf große Dinge,
ohnmächtig bangend um Freunde in endloser Ferne,

müde und leer zum Beten, zum Denken, zum Schaffen,
matt und bereit, von allem Abschied zu nehmen?
Wer bin ich? Der oder jener?
Bin ich denn heute dieser und morgen ein andrer?
Bin ich beides zugleich? Vor Menschen ein Heuchler
und vor mir selbst ein verächtlich wehleidiger Schwächling?
Oder gleicht, was in mir noch ist, dem geschlagenen Heer,
das in Unordnung weicht vor schon gewonnenem Sieg?

Wer bin ich? Einsames Fragen treibt mit mir Spott.
Wer ich auch bin, Du kennst mich, Dein bin ich, o Gott!

Dietrich Bonhoeffer

Aus: Dietrich Bonhoeffer, „Widerstand und Ergebung",
© Chr. Kaiser/Gütersloher Verlagshaus, Gütersloh

Szene aus dem Video „Bonhoeffer – Die letzte Stufe"

3. Von Lebensträumen und Hoffnungsbildern

Wir brauchen Träume

Wenn wir miteinander vom Glauben reden, dann geben wir einander auch Einblick in unsere Träume und Hoffnungen – und was im Laufe unseres Lebens daraus geworden ist. Haben wir uns die Träume „abgeschminkt", weil sie schließlich doch allzu weit von unserer Lebenswirklichkeit entfernt blieben? Neigen wir dem Volksmund zu, der lapidar erklärt: *„Träume sind Schäume"*?

Oder sind wir mit *Erich Fried* davon überzeugt: *„Wir brauchen Träume, die uns wachhalten"*? Die uns inspirieren und beflügeln? Und: In welcher Beziehung steht der Glaube zu unseren Träumen?

Impulse   Impulse   Impulse   Impulse   Impulse

Wir machen eine kleine *Reise in unsere Fantasie*, die es uns ermöglicht, direkt und persönlich miteinander ins Gespräch zu kommen. Es ist ein Besuch bei unserem jeweiligen *Lebenstraum* oder – wenn Ihnen das Wort besser gefällt – bei unserem *Wunschtraum*. Setzen Sie sich möglichst bequem hin … schließen Sie die Augen … spüren Sie ein bisschen nach innen … atmen Sie ganz ruhig ein und aus … Ich möchte Ihre Aufmerksamkeit auf die Wünsche und Sehnsüchte lenken, die Sie in Ihrer jetzigen Lebensphase erfüllen:

Wie sieht dieser Wunschtraum aus?

Wer gehört dazu? Welche Farben, Gefühle, Stimmen?

Wohin führt Sie Ihr Traum?

Bitte werten Sie nicht, ob Ihr Traum gut oder schlecht, falsch oder richtig ist. Schauen Sie die Bilder Ihres Traumes einfach an. Lassen Sie es zu, wenn auf dieser Traumreise u.U. negative Bilder wie z.B. Sorgen und Ängste die Wunschträume in den Hintergrund drängen …

Nach einigen Minuten der Stille können Sie einander im Gespräch zu zweit oder dritt mitteilen, was Sie erlebt haben bzw. welche Bilder vor Ihrem inneren Auge erschienen sind. Natürlich teilen Sie den anderen nur das mit, was Sie wirklich möchten.

Die Eindrücke aus dem Austausch können Sie abschließend anhand folgender Fragen zusammenfassen: Gibt es Ähnlichkeiten? Wie unterscheiden sich unsere Träume? Wie wandeln sie sich? Gibt es Träume bzw. Wünsche, die bestimmten Lebensstufen zuzuordnen sind? Was ist, wenn Träume zerbrechen? Wie gehen wir mit dieser Erfahrung um?

Träume im Wandel

Persönliche Erinnerung

Als ich noch klein war, träumte ich davon, Dompteur zu werden. Dompteur oder wenigstens Artist. Nicht zuletzt auch deswegen, um die Aufmerksamkeit von Karola zu erringen, die zusammen mit mir in den Kindergarten ging. Als ich ein bißchen älter war, so 13 oder 14 Jahre vielleicht, träumte ich davon, ein großer Mann zu werden. Ein berühmter Mann, dessen Stimme überall gehört würde, und der viel Gutes bewirken könnte. Ein Politiker oder auch ein Schriftsteller. Als ich ein paar Jahre später Theologie studierte, träumte ich davon, eine hübsche Frau kennenzulernen und mit ihr zwei Kinder zu haben, einen Buben und ein Mädchen. Als ich mich der Lebensmitte näherte – der Traum von meiner Frau und meinem Kinderpärchen war inzwischen in Erfüllung gegangen – fragte ich mich, was denn aus meinen anderen Träumen geworden war, dem Dompteur, dem Artisten, dem berühmten Mann oder dem guten Menschen. Und ein bisschen von ihnen konnte ich auch in meinem Leben wiederfinden. Als dann der Lebensnachmittag einsetzte, hielt ich nach Menschen Ausschau, die mir Mut machten, alt zu werden. Ich träumte von einem Lebensabend voller Freundlichkeit und Güte. Und wenn der Lebensabend kommt, wovon werde ich dann träumen?

Waldemar Pisarski

Träume gehören zu unserem Leben – auf jeder Stufe und in jedem Alter. Sie sind lebenswichtig, denn sie helfen uns, über den Tag hinaus zu blicken. Dabei wandeln sich unsere Träume immer wieder. Die Träume der Kindheit haben etwas überschäumend Utopisches. Mit zunehmendem Alter orientieren sich unsere Lebensträume schon mehr an der Wirklichkeit, überschreiten sie aber immer noch und machen sie durchlässig für mehr Hoffnung, für mehr Erfüllung.

Die Träume ändern sich

Eine sehr kritische Zeit setzt im Bereich der Lebensmitte ein. Es ist die Zeit, in der wir Bilanz ziehen. Was ist aus den eigenen Träumen geworden? Was kann ich noch erwarten – und was muss ich wohl für immer abschreiben?

Der Sänger *Wolf Biermann* zieht in einem seiner Lieder nüchtern und kritisch Bilanz:

Das kann doch nicht alles gewesen sein,
das bisschen Sonntag und Kinderschrein,
das muss doch noch irgendwo hingehn.
Die Überstunden, das bisschen Kies.
Und abends inne Glotze: das Paradies.
Darin kann ich noch keinen Sinn sehn.
Das soll nun alles gewesen sein.
Da muss doch noch irgendetwas kommen.
Nein, da muss noch Leben ins Leben.

Bei *Biermann* spüren wir eine Unruhe und Ungeduld, die sich mit der bisher eher banalen Lebensbilanz nicht abfinden will: *Da muss doch noch irgendetwas kommen …* Andere Menschen lassen sich angesichts einer ernüchternden Lebensbilanz dazu verleiten, sich das Träumen „abzuschminken" und sich statt dessen ganz darauf zu konzentrieren, das Leben hier und heute so gut es geht zu genießen und nicht nach dem Morgen zu fragen. In einer Zeit, die dem Menschen ständig Spaß, Unterhaltung, Abwechslung und Genuss verspricht, wächst die *Gefahr der Traumlosigkeit (Fulbert Steffensky).* Wenn das Leben aber auf das Hier und Heute reduziert wird und am Ende nur zählt, was ich jetzt an Spaß und Abwechslung erlebe, dann fehlt unserem Leben der weite Horizont der Hoffnung.

So wichtig es ist, eine nüchterne Lebensbilanz zu ziehen, noch entscheidender ist es, von den Bildern einer hoffnungsvollen Zukunft erfüllt zu sein. Einer Zukunft, die die Grenzen des eigenen Lebenshorizontes weit überschreitet.

Hoffnungsbilder der Bibel

Die Bibel –
voll von ansteckender Hoffnung

Gott hat in jedem Menschen eine Sehnsucht und Hoffnung angelegt, die weit über das eigene Leben und die sichtbare Welt hinausgreift. Er hat es so eingerichtet, dass Träume zu unserem Leben dazugehören: *Ich will meinen Geist ausgießen über alles Fleisch und eure Söhne und Töchter sollen weissagen, eure Alten sollen Träume haben und eure Jünglinge sollen Gesichte sehen (d.h. Visionen haben) (Joel 3,1).*

So kann es kaum überraschen, dass die Bibel voll von Hoffnungsbildern ist, die in uns den Traum von einem gelingenden Leben,
einer versöhnten Welt und dem unbeschreiblich herrlichen Paradies
entzünden und wach halten. Christen sind darum keine Träumer, die
selbst geschaffenen Utopien einer besseren Welt anhängen; sie sind
von Gottes Geist inspirierte Träumer: Der Stoff, aus dem ihre Träume
gewoben sind, setzt sich aus den biblischen Verheißungen und
Visionen zusammen.

Darin steckt eine Menge Zukunftsmusik. Christen lassen den Glauben nicht fahren, dass die Hoffnungsbilder der Bibel einmal Wirklichkeit werden – wenn auch nicht in einem „Paradies auf Erden",
so doch in einem zukünftigen neuen Himmel und einer neuen Erde, die Gott in seiner Schöpfer-Souveränität versprochen hat zu
schaffen.

Impulse   Impulse   Impulse   Impulse   Impulse

Wir vergegenwärtigen uns einige dieser biblischen Hoffnungsbilder und fragen danach, welche Bedeutung sie für unseren Glauben und unsere Hoffnung haben.

Hier eine kleine Auswahl biblischer Hoffnungsbilder:

● *Wenn der Herr die Gefangenen Zions erlösen wird, so werden wir sein wie die
Träumenden. Dann wird unser Mund voll Lachens und unsere Zunge voll Rühmens
sein.* Psalm 126,1.2

● *Gott wird unter großen Völkern richten und viele Heiden zurechtweisen in fernen
Landen. Sie werden ihre Schwerter zu Pflugscharen und ihre Spieße zu Sicheln machen. Es wird kein Volk wider das andere das Schwert erheben, und sie werden hin-
fort nicht mehr lernen, Krieg zu führen.* Micha 4,3

● *Es sollen keine Kinder mehr da sein, die nur einige Tage leben, oder Alte, die ihre
Jahre nicht erfüllen ... Sie werden Häuser bauen und bewohnen, sie werden Wein-
berge pflanzen und ihre Früchte essen ... Sie sollen nicht umsonst arbeiten und keine Kinder für einen frühen Tod zeugen; denn sie sind das Geschlecht der Gesegne-
ten des Herrn, und ihre Nachkommen sind bei ihnen. Und es soll geschehen: ehe
sie rufen, will ich antworten; wenn sie noch reden, will ich hören. Wolf und Schaf
sollen beieinander weiden ...* Jesaja 65,17-26 in Auszügen

● *Ich will das Verlorene wieder suchen und das Verirrte zurückbringen und das Ver-
wundete verbinden und das Schwache stärken und was fett und stark ist, behüten;
ich will sie weiden, wie es recht ist.* Hesekiel 34,16

- Es wird gesät verweslich und wird auferstehen unverweslich. Es wird gesät in Nied-
rigkeit und wird auferstehen in Herrlichkeit. Es wird gesät in Armseligkeit und wird
auferstehen in Kraft. Es wird gesät ein natürlicher Leib und wird auferstehen ein
geistlicher Leib. *1. Korinther 15,42-44*

- Siehe da, die Hütte Gottes bei den Menschen! Und er wird bei ihnen wohnen, und
sie werden sein Volk sein, und er selbst, Gott mit ihnen, wird ihr Gott sein; und Gott
wird abwischen alle Tränen von ihren Augen, und der Tod wird nicht mehr sein,
noch Leid noch Geschrei noch Schmerz wird mehr sein; denn das Erste ist vergan-
gen. *Offenbarung 21,3.4*

Fragen

Welches dieser Hoffnungsbilder spricht Sie am meisten an? Welches ist Ihnen eher
fremd?
Bestimmen diese Hoffnungsbilder Ihren Glauben und Ihr Leben in irgendeiner Form?
Was antworten Sie auf den Einwurf, dass die biblischen Hoffnungsbilder nur eine bil-
lige Vertröstung auf ein besseres Jenseits sind?
Wie schätzen Sie in diesem Zusammenhang die Feststellung von *Paul M. Zulehner* ein:
*Wir Heutigen leben im Vergleich zu den früheren Generationen zwar länger, aber ins-
gesamt kürzer. Denn früher lebten die Leute 30 Jahre plus ewig, und wir leben nur
noch 90 Jahre.*
– Was bedeutet für Sie „Ewigkeit"?

Nach einer kurzen Besinnung sollte der
Austausch über eine dieser Fragen
möglichst in kleinen Dreier- oder
Vierer-Gruppen erfolgen.

26

In der Traumschule Jesu

War Jesus ein Träumer? Sicher nicht im vorherrschenden Verständnis dieses Wortes, wo der Träumer allzu schnell in Verdacht gerät, ein Traumtänzer oder Illusionist zu sein. Aber Jesus wäre missverstanden, wenn man übersehen würde, dass er in anderen Menschen mit Bildern und Visionen die Hoffnung auf eine heilvolle Zukunft entzünden wollte.

Als Jesus – nach der Überlieferung des Johannesevangeliums – die ersten Jünger in seine Nachfolge ruft, da lockt er sie mit der Aussicht auf die Verwirklichung eines alten Traumes. Wo die jungen Männer zunächst tief davon beeindruckt sind, wie gut Jesus sich in ihrem Leben auskennt, verspricht Jesus ihnen, dass sie noch viel Großartigeres erleben werden:

> *Wahrlich, wahrlich, ich sage euch: Ihr werdet den Himmel offen sehen und die Engel Gottes hinauf- und herabfahren über dem Menschensohn.* Johannes 1,51

Leben unter offenem Himmel

Mit diesen Worten erinnert Jesus an einen Traum: den Traum Jakobs von der Himmelsleiter (nachzulesen in 1. Mose 28). Auf der Flucht vor seinem Bruder Esau, den er um das Erstgeburtsrecht betrogen hat, scheint ihm seine Lage aussichtslos. Da hat er eines Nachts einen Traum: Er sieht eine Leiter, die von der Erde bis an den Himmel reicht und auf der die Engel Gottes auf- und niedersteigen. An der Spitze der Leiter aber steht Gott, der dem um sein Leben bangenden Jakob klar macht: *Ich bin mit dir und will dich behüten, wo du hinziehst ...* (1. Mose 28,15).
Erst durch den Traum werden Jakob die Augen für die ganze Wirklichkeit geöffnet. Er ist gar nicht verlassen und allein – Gott ist mit ihm.

© Sieger Köder, Jakobs Traum

Indem Jesus an Jakobs Traum erinnert, will er seinen Jüngern die Augen dafür öffnen, dass sie unter dem offenen Himmel Gottes leben – und dass mit Jesus, dem Menschensohn, der Himmel auf die Erde gekommen ist. Das ist die nach wie vor gültige Botschaft dieses alten Traumes: Wir müssen nicht unter einem verschlossenen Himmel leben und sind darum auch nicht gezwungen, den Himmel auf Erden zu finden – was sich immer deutlicher als vergeblich erweist. Nein, Jesus selbst verbürgt sich dafür, dass wir unter dem offenen Himmel Gottes leben und die Tür zum Paradies weit aufgestoßen bleibt.

Dass uns in der Traumschule Jesu ein neuer, weiter Hoffnungshorizont eröffnet wird – nämlich der des mit Jesus angebrochenen Reiches Gottes – bedeutet allerdings auch, dass eigene Träume zerbrechen, z.B. der Traum vom leidfreien Glück.

Zerbrochene Träume

Ein Beispiel für das Zerbrechen bzw. Korrigieren menschlicher Hoffnungsträume ist die Geschichte von der Begegnung des auferstandenen Christus mit den Emmaus-Jüngern (nachzulesen in Lukas 24,13-25): Zwei Männer sind unterwegs, deren Hoffnungen und Träume mit dem überraschenden, gewaltsamen Tod Jesu wie ein Kartenhaus in sich zusammenfielen. Sie hatten erwartet, dass Jesus seine Messianität in einem beispiellosen Triumphzug vor aller Öffentlichkeit unter Beweis stellen würde. Doch dann wurde er wie ein gemeiner Verbrecher ans Kreuz genagelt. Alle Hoffnung schien damit zugleich mit ans Kreuz geschlagen. Doch der Gekreuzigte bleibt nicht im Grab. Auf dem Weg nach Emmaus öffnet der auferstandene Jesus den beiden Jüngern die Augen dafür, dass der Weg zum endgültigen Sieg, zur unvergleichlichen Herrlichkeit bei Gott, das Leiden mit einschließt: *Musste nicht Christus dies erleiden und in seine Herrlichkeit eingehen?* (Lukas 24,26)

Es ist nicht leicht zu ertragen, wenn eigene Träume wie ein Kartenhaus in sich zusammenfallen und unerfüllt bleiben. Aber in der Schule Jesu werden wir zu neuer Hoffnung angestiftet. Einer Hoffnung, die an der Grenze des Todes und der Vergänglichkeit dieser Welt nicht zerbrechen muss. Einer Hoffnung, die sich angesichts von Leid und Elend dieser Welt und der offensichtlichen Macht des Bösen nicht darin beirren lässt, dass Gott mit uns und dieser Welt zu seinem guten Ziel kommt.

Anstiftung zu lebendiger Hoffnung

Darum gehen Christen nicht einer untergehenden Welt, sondern dem in Macht und Herrlichkeit wiederkommenden Herrn Jesus Christus und der Vollendung seines Reiches entgegen. Sie leben in der Zuversicht, dass mit Jesus unwiderruflich eine neue Zeit angebrochen ist. Wenn heute viele Menschen angesichts globaler Krisen und Katastrophen meinen, es sei „kurz vor zwölf" und der große Knall stehe unmittelbar bevor, dann glauben Christen der Zeitansage Jesu angesichts einer von Krisen und Katastrophen bedrohten Welt:

Wenn aber dieses anfängt zu geschehen, dann seht auf und erhebt eure Häupter, weil sich eure Erlösung naht.
Jesus in Lukas 21,28

4. Lebenserfahrungen an der Grenze

Im Leben gibt es nicht nur Sonnenschein

Wer vom Glauben redet, der sollte dabei Erfahrungen von Leid und Ohnmacht nicht verschweigen. Es gibt kein leidfreies Glück – auch nicht für Christen. Wer allzu vollmundig von großartigen Glaubenserfahrungen erzählt, der wird bei anderen Menschen eher Skepsis als Glauben finden. Und das mit Recht!

Ein Glaube, bei dem alles Dunkle und Belastende ausgeblendet bleibt oder übergangen wird, kann nicht überzeugend sein. Die Echtheit und Verlässlichkeit des christlichen Glaubens muss sich in der Krise erweisen: da, wo Menschen mit ihrer Kraft am Ende sind und ihnen die Möglichkeit genommen ist, ihr Leben eigenverantwortlich zu gestalten. Was hält sie in solchen Lebenssituationen? Was bewahrt sie vor Resignation und Verzweiflung?

Viele Menschen haben sich solche Fragen nie gestellt. Insgeheim hoffen sie, dass sie sich nach dem urkölschen Motto „Et is noch immer jot jejange!" (es wird schon klappen) irgendwie durchs Leben mogeln können und vor Krisen und Leid bewahrt bleiben. Sie legen sich für ihr Leben eine „Schönwetter-Philosophie" zurecht und hoffen, dass das „Hoch" möglichst lange andauert.

Die Slogans einer solchen Lebenshaltung lauten etwa: „Jeder ist seines Glückes Schmied!", oder: „Tu, was dir Spaß macht!", oder auch: „Leben und leben lassen!" Aber was macht der auf ein Dauer-Hoch eingestellte Glücksschmied, wenn er ins Unglück stürzt?

Aufgabe

Bitte lesen Sie sich die folgenden drei Zitate einmal aufmerksam durch. Sie wollen auf unterschiedliche Weise aussagen, dass die Dunkelheiten im Leben eines Menschen nicht ein bedauerliches und zu vermeidendes Malheur darstellen. Vielmehr kann man an ihnen wachsen, wesentliche neue Erkenntnisse erschließen und an Tiefgang gewinnen.

> *Die Grenzsituationen menschlichen Lebens sind der für die Erkenntnis fruchtbare Ort.*
>
> KARL JASPERS, PHILOSOPH

Fragen

Welches Zitat sagt Ihnen spontan am meisten zu?
Möchten Sie einer Aussage widersprechen?
Welche neuen, fruchtbaren Erkenntnisse kann ein Mensch in der Krise bzw. im Leid gewinnen?
Wieso können leidvolle Erfahrungen dem Leben Tiefgang verleihen?
Wird in allen drei Zitaten das Lernen aus dem Leid nicht zu einseitig positiv dargestellt?

Bitte überprüfen Sie diese Fragen an Grenzerfahrungen Ihres eigenen Lebens (wenn Sie offen darüber reden können und wollen) und tauschen Sie sich über Ihre Erfahrungen aus.

Angewiesen sein auf Hilfe

In Not und Bedrängnis, in Krisen und Leid wird sichtbar, was sonst nach außen hin nicht in Erscheinung tritt:

Der Mensch ist Geschöpf.   **Not lehrt beten**

Ein plötzlich auftretender radikaler Bruch in der alltäglichen Lebensrealität, die Erfahrung, dass Vertrautes und Gewohntes nicht mehr tragen und man nicht mehr aus noch ein weiß, lassen uns unsere geschöpfliche Endlichkeit und Begrenztheit erfahren. Nicht

31

wenige Menschen ahnen oder spüren erstmals, dass es jenseits der eigenen Ohnmacht und Hilflosigkeit eine Macht oder ein Wesen gibt, dem sie sich anvertrauen könnten. Vielleicht zum ersten Mal überhaupt oder seit langem fangen Menschen an, zu dieser unbekannten Macht zu beten: *Gott, wenn es dich gibt, dann hilf mir ...* Die Bibel ermuntert uns ausdrücklich zu solch einem Notschrei: *Rufe mich an in der Not, so will ich dich erretten, und du sollst mich preisen* (Psalm 50,15).

... und wenn das Gebet unerhört bleibt?

Doch nicht alle, die aus der Not heraus zu Gott rufen, machen die Erfahrung, dass Gott ihr Gebet erhört. Manche erleben Enttäuschungen. Obwohl sie ernsthaft Gott angefleht haben, hat er geschwiegen und die Not nicht gewendet. Haben sie nicht richtig gebetet – oder nicht ausdauernd genug? Es wäre fatal, solche Urteile über die Gebete anderer zu fällen, die dadurch womöglich nur bitter in ihrem Herzen werden. Verheißungsvoller ist es, andere zu ermuntern, ihr in Gott gesetztes Vertrauen nicht wegzuwerfen und die Last, die sie zu tragen haben, in das eigene Gebet mit aufzunehmen.

Verzweiflung und Geborgenheit liegen im Leid nahe beieinander. Wo der eine angesichts des Leids verzweifelt und über die vorwurfsvolle Klage: *Warum lässt Gott das zu?* nicht hinauskommt, erfahren andere mitten im Leid eine tiefe Geborgenheit bei Gott. Selbst da, wo sich ihre Lebenssituation objektiv nicht zum Besseren ändert, sind sie getrost im Wissen, von Gott gehalten zu sein.

... denn Du bist bei mir!

Das Gebet, zu dem Menschen durch viele Jahrhunderte hindurch immer wieder Zuflucht genommen haben und dabei die Erfahrung der Geborgenheit in Gott machten, ist der Psalm 23:

Der gute Hirte

1. *Der Herr ist mein Hirte, mir wird nichts mangeln.*
2. *Er weidet mich auf einer grünen Aue und führet mich zum frischen Wasser.*
3. *Er erquicket meine Seele. Er führet mich auf rechter Straße um seines Namens willen.*
4. *Und ob ich schon wanderte im finstern Tal, fürchte ich kein Unglück; denn du bist bei mir, dein Stecken und Stab trösten mich.*

> 5. Du bereitest vor mir einen Tisch im Angesicht meiner Feinde. Du salbest mein Haupt mit Öl und schenkest mir voll ein.
> 6. Gutes und Barmherzigkeit werden mir folgen mein Leben lang, und ich werde bleiben im Hause des Herrn immerdar.

Impulse   Impulse   Impulse   Impulse   Impulse

Bitte vergegenwärtigen Sie sich in der Gruppe diesen alten, vielen vertrauten Psalm auf folgende Weise:

1. Lesen Sie den Text zweimal hintereinander laut vor, indem verschiedene Anwesende jeweils zwei Verse lesen.

2. Betrachten Sie danach noch einmal aufmerksam den Text in der Stille für sich unter der Fragestellung: Welcher Satz spricht mich besonders an?

3. Nach diesem Moment der stillen Betrachtung kann jeder, der möchte, unaufgefordert den Abschnitt laut lesen, der ihn besonders anspricht.

4. In einem weiteren Schritt teilen Sie einander mit, welche persönlichen Erfahrungen Sie mit einer Aussage dieses Psalms gemacht haben und was sie für den eigenen Glauben bedeutet. Dabei lassen Sie die einzelnen Äußerungen unkommentiert nebeneinander stehen. Natürlich sollte auch dies in völliger Freiwilligkeit geschehen. Wer sich nicht mitteilen möchte, darf selbstverständlich schweigen.

5. Wenn keiner mehr etwas Persönliches zu dem Psalm sagen möchte, schließen Sie mit dem gemeinsam laut als Gebet gesprochenen Psalm 23 ab.

Testfall Sterben

Die radikalste Bewährungsprobe für den Glauben ist das eigene Sterben: Angesichts der für alle Menschen unausweichlichen Tatsache, einmal sterben zu müssen, radikalisiert sich noch einmal die Frage nach unserer Hoffnung und dem, was uns selbst dann noch trägt und hält. Viele Menschen möchten gerade dieser Frage ausweichen und wünschen sich darum einen raschen, schnellen Tod – wenn einmal das letzte Stündlein geschlagen hat. In früheren Jahrhunderten haben Christen darum gebetet, dass ihnen gerade das – nämlich ein plötzlicher Tod – nicht widerfährt. So heißt es in einem alten Kirchenlied:

Ein schneller Tod: Gut – oder schlecht?

Lass mich beizeit mein Haus bestellen, dass ich bereit sei für und für und sage frisch in allen Fällen: Herr, wie du willst, so schicks mit mir! Mein Gott, mein Gott, ich bitt durch Christi Blut: mach's nur mit meinem Ende gut. (EG 530,4)

Man wollte vor dem Sterben noch einmal die Chance haben, sein Leben in Ordnung zu bringen, bevor man in der Ewigkeit vor Gottes Richterstuhl treten musste.

Der Wunsch nach einem schnellen Tod spiegelt wohl häufig unsere Angst vor dem eigenen Sterben wider. Diese Angst ist womöglich größer als die Sorge, einmal in Gottes Gericht nicht bestehen zu können.

Geschichten vom Sterben

In seinem Buch „Dann will ich's mal probieren" erzählt der frühere Bundesarbeitsminister *Norbert Blüm* u.a. auch die Geschichten vom Sterben seiner Eltern und seiner Oma. Alle drei waren in ihrem Leben gläubige Menschen, tief in der katholischen Kirche verwurzelt. Und doch war ihr Sterben ganz unterschiedlich geprägt. – Wir zitieren diese Geschichten in Auszügen:

Die Oma in der Dachkammer

Zweifel an Gott

Das Bett an die Wand geschoben, starb Oma vierzehn Tage unter gräßlichem Stöhnen und Schmerzen. Leberkrebs war die ärztliche Diagnose. Aber Oma, die leibhaftige Gottesaufsicht meiner Kindheit, Kirchenvollzugsbeamtin par excellence, die Frömmste weit und breit, fluchte – o Schreck – auf dem Sterbebett. Sie kämpfte gegen alles, was sie einst mich selbst als hoch und heilig gelehrt hatte. Es war der Zweifel an Gott, ob ihrer Schmerzen, und es hörte sich frevelhaft und furchtbar an, was sie von sich gab. Nur wenn sie mit ihrer Mama sprach, die sie 70 Jahre vorher geboren hatte, wurde sie sanft und friedlich.

Gegen Abend kam die Gemeindeschwester. Wir saßen um das Bett und beteten. Wie ein Racheengel kam sie in die Stube, trat ohne Gruß ans Bett und verkündete laut und kalt: „Jetzt stirbt sie, ja jetzt stirbt sie." Oma kämpfte noch die halbe Nacht. Irgend jemand sagte in die Stille des Sterbezimmers: „Der liebe Gott wird dir alles verzeihen!" Eine kleine Träne rollte an ihrer grauen Wange herab, und die Großmutter war tot.

Vaters Tod

Der Pfarrer kam und betete mit ihm, schien sich aber mehr für mich und die Politik zu interessieren als für den Sterbenden. Verwandte kamen, Freunde, das Sterbebett wurde zum Treffpunkt. Einmal, als das kleine Zimmer übervoll war, sagte Vater ironisch wie immer: „Ei, ich wußt' gar net, dass mir so viel Verwandt habbe".

Wir machten uns für die entscheidende Nacht bereit. Alle saßen um sein Bett. Er kämpfte schwer um jeden Happen Luft. Wir beteten, aber nur wenn er wollte. Dann winkelte er den Arm an, spreizte die Finger, einer von uns gab eine zweite Hand dazu, und so hatten wir gefaltete Hände, halbe-halbe: eine Hand von Papa und eine von uns. „Vater unser"... zwei- bis dreimal, dann reichte es wieder. Er winkelte die Hand ab und legte sie flach. Nach einiger Zeit, es war wieder Zeit, Hand hoch, beten. So ging es Stunde um Stunde.

Zwischendurch wollte er Wasser für seine Lippen. Gegen 3 Uhr, ihren Kopf an seinen schmiegend, erzählte Mama die Geschichte ihres Lebens. „Weißt du, Christian" – und es ging vom Hölzchen ins Stöckchen. Vom Maskenball in Mainz, wo sie sich zum erstenmal gesehen hatten, über Gefangenschaft und Ferienerlebnisse. „Und weißt du, Christian, und weißt du noch und die Kinder ... und damals ... und dann, wie du gesagt hast" ... die unendliche Geschichte eines alten Ehepaares.

Und als sie unter Tränen und Lachen am Ende ihrer unsortierten Geschichte war, da faßte Christian, unterbrochen von der Anstrengung nach dem nächsten Luftzug, noch einmal alle Kraft für den Satz zusammen: „Gretel, es war alles sehr schön." Das war der letzte Satz, den ich von meinem Vater gehört habe. Ein paar Atemzüge später war er tot. Es war die schönste Quintessenz eines Lebens: Das Leben des Kraftfahrzeugschlossers Christian Blüm.

Es war alles sehr schön

Mutters Tod

Meine Mutter starb zwei Jahre später. Mein Bruder und ich fuhren ins Krankenhaus. Durch lange Gänge erreichten wir die Intensivstation. Da lag sie. Mama: „Endlich bist du da." Dem Pfleger machte sie liebevolle Vorwürfe, daß er ihr nicht, wie ausgemacht, ihre Zahnprothese zurückgegeben hatte, bevor Norbert komme. Wir lachten: „Willst du heute Abend noch auf den Wackel, Mama?" „Norbert, immer mit deinen dummen Reden." Plötzlich Befehlsausgabe: „Hast du was gegessen? Im Kühlschrank ist noch Fleischwurst. Und jetzt geht." – „Wieso, ich bin doch gerade erst

Dann will ich's mal probieren

gekommen?" – „Doch, geht, geht". – „Wieso geht?" motzte ich. Aber sie setzt sich wie immer durch: Wir gehen kopfschüttelnd und knurrend. „Also bis morgen früh". – Zu Hause angekommen, schon im Treppenhaus, hören wir das Telefon klingeln. „Ja, Blüm". – „Ihre Mutter ist soeben verstorben." Wir rasen zurück ins Krankenhaus. Da lag sie wie vor 20 Minuten. Schön. Sie hatte so schöne Hände. Friedlich. Und sie lächelte, als freue sie sich, uns überlistet zu haben. Ich küsste sie innig. Sie gab keine Antwort mehr, nie mehr.

Pfarrer Bleichert erzählte mir nach der Messe von ihr. Mittags war er bei ihr. „Kommt Norbert noch?", habe sie ihn gefragt. „Bestimmt, Frau Blüm." – „Solange warte ich noch." – „Herr Pfarrer, ist Sterben schwer?", habe sie ihn gefragt. „Ich weiß es nicht, Frau Blüm. Ich habe es doch auch noch nicht erlebt. Aber wenn man so fromm ist wie Sie, muß es doch leicht sein." – „Dann will ich's mal probieren", war die Antwort.

„Es war alles sehr schön" und „Dann will ich's mal probieren" – das sind meine kostbarsten Erbstücke von Mama und Papa.

Impulse   Impulse   Impulse   Impulse   Impulse

Was hat Sie an diesen Sterbegeschichten am meisten berührt? Was macht Ihnen Angst? Wie möchten Sie einmal sterben?

Wenn Sie mögen und sich nicht überfordert fühlen, dann geben Sie einander Anteil an Ihren Empfindungen, Ängsten und Hoffnungen angesichts des eigenen Sterbens. Welche Rolle spielt dabei die christliche Auferstehungshoffnung, die sich daran festmacht, dass Gott den gekreuzigten Christus von den Toten auferweckt hat?

Von guten Mächten wunderbar geborgen

Wir schließen diesmal die Gesprächsrunde mit dem von Siegfried
Fietz vertonten Gebet von *Dietrich Bonhoeffer* ab:

Von guten Mächten treu und still umgeben,
behütet und getröstet wunderbar,
so will ich diese Tage mit euch leben
und mit euch gehen in ein neues Jahr.

Noch will das alte unsre Herzen quälen,
noch drückt uns böser Tage schwere Last.
Ach Herr, gib unsern aufgeschreckten Seelen
das Heil, für das du uns geschaffen hast.
Und reichst du uns den schweren Kelch, den bittern
des Leids, gefüllt bis an den höchsten Rand,
so nehmen wir ihn dankbar ohne Zittern
aus deiner guten und geliebten Hand.
Doch willst du uns noch einmal Freude schenken
an dieser Welt und ihrer Sonne Glanz,
dann woll'n wir des Vergangenen gedenken,
und dann gehört dir unser Leben ganz.

Laß warm und hell die Kerzen heute flammen,
die du in unsre Dunkelheit gebracht,
führ, wenn es sein kann, wieder uns zusammen.
Wir wissen es, dein Licht scheint in der Nacht.

Wenn sich die Stille nun tief um uns breitet,
so laß uns hören jenen vollen Klang
der Welt, die unsichtbar sich um uns weitet,
all deiner Kinder hohen Lobgesang.

Aus: Dietrich Bonhoeffer, „Widerstand und Ergebung",
© Chr. Kaiser/Gütersloher Verlagshaus, Gütersloh

5. Glauben trotz ungelöster Fragen und Zweifel

Manche Christen sind davon überzeugt, dass man erst dann vom Glauben reden kann, wenn man den vollen Durchblick hat und im Glauben fest verwurzelt ist. Ein unerschütterlicher Glaube und ein überfließendes Herz seien die entscheidenden Voraussetzungen, um den Mund aufzumachen und über Glaubensdinge mitzureden. Und darum überlassen sie das Reden von Gott und Glauben lieber andern, vor allem den kirchlichen Profis.

Auch die „Glaubenshelden" in der Bibel hatten ihre Fragen und Zweifel an Gott

Aber, mal ehrlich: Sind Sie wirklich von solchen Menschen zutiefst beeindruckt, die in Glaubensdingen absolut „sattelfest" erscheinen und auf alle diesbezüglichen Fragen längst eine Antwort gefunden haben? Vermutlich lautet Ihre Antwort: Wohl kaum! Und das hat seinen guten Grund. Denn schon in der Bibel begegnen uns die so genannten „Glaubenshelden" immer wieder auch als Menschen mit Fragen und Zweifeln an Gott: niedergeschlagen und klagend, unruhig und zerrissen. Ob Mose in der Wüste, Elia unter dem Dornbusch oder Thomas hinter verschlossenen Türen: Ihr Glaube gerät in die Krise. Der Zweifel an Gottes Güte nagt an ihren Herzen.

Und wenn es uns heute schwer fällt, miteinander über Gott und den Glauben zu reden, dann befinden wir uns auch mit dieser Schwierigkeit in guter biblischer Gesellschaft: Mose fand eine Ausrede nach der anderen, als Gott ihm den Auftrag gab, zum Pharao zu gehen. Jeremia fand sich für die Berufung zum Propheten viel zu jung und beklagte sich später bitter bei Gott über die ihm auferlegte Last. Nein, nicht alle Boten Gottes können vor Begeisterung den Mund nicht mehr halten – wie etwa später Petrus (nachzulesen in Apostelgeschichte 4,20), der zuvor allerdings auch erst einmal kläglich scheitert (nachzulesen in Markus 14,66ff.).

Wir dürfen glauben – und das trotz ungelöster Fragen und (noch) nicht überwundener Zweifel. Wir brauchen die offenen Fragen nicht zu überspielen oder zu unterdrücken: Wir können sie offen ansprechen in der Hoffnung, dass das Gespräch darüber weiterhilft und Gottes Geist die Zweifel überwindet und Gewissheit schenkt. Der frühere Landesbischof *Horst Hirschler* sagte 1995 auf dem Kirchentag:

> *Oft ist gerade das Fragment, das einer begriffen hat und weitererzählt, viel wirksamer als alles, was wir richtig sagen und verbreiten möchten.*

Impulse   Impulse   Impulse   Impulse   Impulse

Bevor wir uns mit ungelösten Fragen und bohrenden Zweifeln Gott gegenüber befassen, wollen wir uns zunächst bewusst machen, was uns bisher in unserem Glauben an den dreieinigen Gott gut getan hat. Wo konnten wir im Gewebe unseres Lebens den roten Faden der Liebe Gottes entdecken?

Es lässt sich leichter über Fragen und Zweifel reden, wenn wir uns zuvor von den „Fragmenten" (s.o. *Hirschler*-Zitat) unseres Glaubens erzählt haben. Bitte nehmen Sie sich einige Minuten Zeit und vervollständigen Sie die angefangenen Sätze:

1. Im Rückblick auf mein bisheriges Leben bin ich Gott dankbar für

_____

_____

2. In jüngster Zeit habe ich erfahren, dass Gott es gut mit mir meint, dadurch dass

_____

_____

3. Ich vermag in meinem Leben keine Wohltaten Gottes zu erkennen, denn

_____

_____

Bilden Sie anschließend Dreier-Gruppen und teilen Sie sich mit, wo Sie in Ihrem Leben wohltuend die Handschrift Gottes entziffern konnten. Aber haben Sie ebenso auch den Mut, offen auszusprechen, wo Sie trotz ehrlicher Selbstprüfung keine Wohltaten Gottes in Ihrem bisherigen Leben erkennen können. Lassen Sie Ihre unterschiedlichen Erfahrungen unkommentiert – und erst recht unzensiert! – nebeneinander stehen.

Die Warum-Frage

Die Frage, die immer wieder aufbricht

Die wohl durch die gesamte Menschheitsgeschichte hindurch am hartnäckigsten und häufigsten gestellte Frage an Gott ist die Frage nach dem

Warum???

So fragen Menschen, …

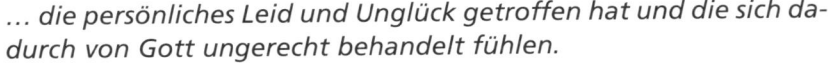

… die persönliches Leid und Unglück getroffen hat und die sich dadurch von Gott ungerecht behandelt fühlen.

… die herausfinden wollen, was ihr Leid verursacht hat und Gott ihnen damit sagen will.

… die das Leid und die Ungerechtigkeit dieser Welt nicht mit der Existenz eines barmherzigen und gerechten Gottes in Einklang zu bringen vermögen.

… die nicht verstehen können, dass Gott offensichtlich nicht in den Lauf der Geschichte eingreift, um dem Elend und Leid von Menschen ein Ende zu machen.

… die Gott die Verantwortung für das Böse in der Welt in die Schuhe schieben, ohne sich selbst dafür mitverantwortlich zu wissen.

… die nicht von Gott loskommen, auch wenn sie sein Handeln nicht verstehen können.

eine Frage – viele Fassetten

Ein und dieselbe Frage kann dabei sehr verschiedene Fassetten haben:

- Sie kann als „Theodizee-Frage" (d.h. die Frage, wie Gott gerecht und gut sein kann angesichts einer ungerechten Welt) ein philosophisches Problem darstellen, für das der Mensch nach einer ihn überzeugenden Lösung sucht.

- Sie kann aus einer tiefen persönlichen Betroffenheit heraus gestellt werden, weil ein Mensch in seinem Leid an Gott verzweifelt.

- Sie kann Ausdruck einer seelsorglichen Not sein, weil ein Mensch, der bisher Gott vertraut hat, nicht verstehen kann, was ihm widerfahren ist.

- Sie kann zum bequemen Alibi werden, indem man von der eigenen Verantwortung ablenkt und Gott allein für alles Böse in der Welt zuständig erklärt.

Impulse   Impulse   Impulse   Impulse   Impulse

Wir drucken an dieser Stelle das *Protokoll eines Gespräches* ab, das ein Schweizer Krankenhausseelsorger mit einer schwer krebskranken Patientin führte und anschließend aufgezeichnet hat. Wir wollen dem Seelsorger im Umgang mit der Warumfrage einmal über die Schultern blicken.
Bitte lesen Sie den Text in verteilten Rollen: Eine 1. Person übernimmt die wörtliche Rede des Mitarbeiters; die 2. Person gibt die Beobachtungen und Gedanken des Mitarbeiters wieder. Eine 3. Person übernimmt den Part der Patientin Frau Hedinger.

Gespräch mit einer krebskranken Patientin

(1) *Mitarbeiter:* Frau Hedinger liegt allein in einem Zweibettzimmer. Sie sitzt aufrecht im Bett, eine bunte Strickjacke locker um die Schultern.
„Grüezi, Frau Hedinger, sind Sie heute allein?",
sage ich und trete auf sie zu.

(2) *Hedinger: „Das ist aber nett, daß Sie kommen. Meine Mitpatientin ist heute entlassen worden und erst am Montag soll jemand anderes kommen."*

(3) *Mitarbeiter:* Wir geben uns die Hand und ich nehme mir einen Stuhl.
„Ist Ihnen das angenehm, so allein?",
frage ich.

(4) *Hedinger: „Ja, doch, es macht mir nichts aus."*

(5) *Mitarbeiter:* Frau Hedinger scheint heiter wie immer.
„Wie geht es Ihnen?",
informiere ich mich.

(6) *Hedinger: „Es geht. Natürlich wird es nicht besser, aber die Schmerzen sind erträglich. Aber ich habe eine Frage, über die ich mich gerne mit einem kirchlichen Mitarbeiter unterhalten würde."*

(7) *Mitarbeiter: „Das interessiert mich."*
Ich bin gespannt. Irgendwie spüre ich, dass etwas Schwieriges auf mich zukommt. Es ist ein Gefühl, als ob ich etwas Böses getan hätte und Prügel bekommen könnte. Ist es ein bestimmter Ton in ihrer Stimme, der mich warnt?

(8) *Hedinger: „Im Fernsehen zeigte man gestern einen Film über die Flüchtlingslager in Pakistan."*

(9) *Mitarbeiter:* Sie erzählt einige Details über entwurzelte Men-

schen, Kinder in der Kälte, Menschen, die nicht wissen, ob ihre Verwandten noch leben.

(10) *Hedinger:* „Da ist mir die Frage gekommen, warum Gott so etwas Schreckliches zulässt. Dass ich krank bin und vielleicht sterben muss, ist im Grund eine kleine, individuelle Sache. Nicht wenig. Aber was dort unnötigerweise an Tausenden geschieht, das schreit zum Himmel. Gibt es eine göttliche Weltregierung – wie sehen Sie das?"

(11) *Mitarbeiter:* „Da stellen Sie mich vor eine schwierige Frage", sage ich.
„Ich kann nicht einfach anfangen, eine Antwort zusammenzutragen. Was macht Ihnen Mühe? Fragen Sie sich, wie soviel Elend sich vereinbaren lässt mit dem Glauben an Gottes Liebe und Führung?"

(12) *Hedinger:* „Das ist genau meine Frage. Wenn uns gesagt wird, Gott liebe die Welt, wie ist so etwas dann überhaupt möglich?"

(13) *Mitarbeiter:* Sie blickt mich an. Ich spüre etwas Dringendes in ihrer Rede. Leicht nervös spielt sie mit den Fingern ihrer gefalteten Hände. Ich denke einen Moment nach. Ich sage ihr:
„Und das ist Ihnen nicht nur ein gedankliches Problem, wenn ich Sie recht verstehe, sind Sie erschüttert oder empört?"

(14) *Hedinger:* „Das kann man wohl sagen. Es geht mich natürlich nicht persönlich an, oder kaum, aber irgendwie sind wir ja alle Brüder. Aber die Menschen da und die Kinder, da bleibt man doch nicht ruhig dabei?"

(15) *Mitarbeiter:* „Nicht ruhig, im Gegenteil, da erhebt sich ein Groll, dass …"

(16) *Hedinger:* „Ein Protest, im Namen der Menschlichkeit."

(17) *Mitarbeiter:* … unterbricht sie mich. Ich erschrecke unter diesem Wort. Sie muss sehr aufgeregt sein. „Ein Protest, ja jetzt verstehe ich Sie. Ich kann es auch mitfühlen, obwohl ich den Film nicht gesehen habe. Ein Protest."

(18) *Hedinger:* „Wie sehen Sie das denn, Sie engagieren sich doch in der Kirche?"

(19) *Mitarbeiter:* … fragt sie mich, während eine klare Herausforderung in ihrer Stimme und in ihrem Blick liegt. Sinnlos verlegt sie ein Heft, das auf der Bettdecke liegt.
„Jemand von der Kirche soll das erklären können, finden Sie. Das erwarten Sie von mir?",
frage ich.

(20) *Hedinger:* „Wahrscheinlich kommen Sie mit der Unbegreiflichkeit Gottes oder so was."

(21) *Mitarbeiter:* … sagt sie fast höhnend. „Ich merke einfach, wie

wichtig Ihnen dieses Problem ist und wie es in Ihnen kocht. Sie sind tief berührt."

(22) *Hedinger:* „Ja, das stimmt. Es ist einfach in mir hochgestiegen."

(23) *Mitarbeiter:* … sagt sie und schaut ein wenig von mir weg.
„Ein Protest",
sage ich.

(24) *Hedinger:* „Ja ein Protest!"

(25) *Mitarbeiter:* … wiederholt sie mit Kraft.
„Ich finde das auch hundsgemein, was dort wehrlosen Menschen angetan wird. Es macht mich sehr hilflos, daran zu denken."

(26) *Hedinger:* „Dann wissen Sie auch keine Antwort!"

(27) *Mitarbeiter:* … fordert sie mich heraus.
„Auf die Warumfrage, meinen Sie?"

(28) *Hedinger:* … „Ja, auf die Warumfrage."

(29) *Mitarbeiter:* … bestätigt sie.
„Auch ohne direkte Antwort lässt sich vielleicht darüber reden",
versuche ich.

(30) *Hedinger:* „Was sagen Sie denn dazu?"

(31) *Mitarbeiter:* „Pakistan ist weit weg. Reden wir im Grunde nicht von allem Leiden, auch von dem, was Sie individuell zu tragen haben?",
wage ich.

(32) *Mitarbeiter:* Sie schweigt. Ihre Finger sind ruhig. Oder erstarrt?
„Vorher sagten Sie, Ihr eigenes Leiden sei nicht wichtig. Zahlenmäßig stimmt das wohl, wenn man an die vielen Flüchtlinge denkt, Kinder und alles. Aber für Sie ist Ihr eigenes Schicksal wohl am nächsten. Da kommt die Warumfrage wohl auch."
Ich stehe unter einer ziemlichen Spannung.

(33) *Hedinger:* „Ja, natürlich!",

(34) *Mitarbeiter:* … stimmt sie zu.
„Und der Protest?",
fahre ich weiter.

(35) *Hedinger:* „Der Protest auch, aber was hilft es?",
sagt sie resigniert.

(36) *Mitarbeiter:* „Ich kann es mir so gut vorstellen, Frau Hedinger, dass Sie manchmal die Fäuste ballen. Sie sind noch ziemlich jung. Sie möchten auch gerne leben, noch lange leben und jetzt versuchen Sie tapfer und vernünftig zu sein und das gelingt Ihnen gut. Aber es lebt mehr in Ihnen als Vernunft und Tapferkeit. Der Protest ist auch da."
Während ich rede, hat sie meine Hand ergriffen. Ich merke, wie sie langsam die Fassung verliert. Unruhig klammern sich

ihre Finger an mich. Sie weint still vor sich hin, ihre Nase ist bald verstopft, aber sie weint weiter.

„Sagen Sie es mir, sagen Sie es Gott, wie hart es für Sie ist und wie ungerecht es Ihnen erscheint",
rede ich ihr zu.

(37) *Hedinger: „Ich protestiere, ich protestiere!",*

(38) *Mitarbeiter:* ... sagt sie. Sie bringt die Worte fast nicht heraus. Dickes Schluchzen hindert sie. Ein kindliches Weinen kommt aus ihr heraus, während sie fest meine Hand drückt. Wir reden nicht mehr. Ich sehe ihre Jacke, intensiver als zuvor, ihre bunte Strickjacke.

(39) *Mitarbeiter:* Schließlich löst sie sich von mir und rafft sich auf. Sie putzt sich die Nase und atmet tief. Ich danke Gott im Stillen, daß nicht gerade eine Schwester oder eine Putzfrau unser Gespräch gestört hat. Langsam erzählt sie mir jetzt, wie sie merkt, daß ihre Kraft abnimmt. Sie zählt mir auf, was alles gemacht wird. *„Ich finde es schwierig, von Ihnen wegzugehen",* sage ich endlich.
„Ich fühle mich sehr mit Ihnen verbunden."

(40) *Hedinger: „Es hat mir unsagbar wohlgetan, das alles einmal zu sagen."*

(41) *Mitarbeiter: „Die Frage haben wir noch nicht beantwortet."*

(42) *Hedinger: „Es ist eine schwierige Frage".*

(43) *Mitarbeiter: „Im Glauben an Jesus Christus finden wir vielleicht auch selten Antworten. Aber wir finden ihn selber, den Herrn, der mit uns geht und im Stillen treu ist durch alles hindurch. Auch bei Ihnen, Frau Hedinger."*

(44) *Hedinger: „Sie sind wirklich ein lieber Mensch."*

(45) *Mitarbeiter:* Das rührt mich tief. Ich verabschiede mich nach einigen Momenten und verspreche ihr, nächste Woche wiederzukommen.

Fragen

- Was gefällt Ihnen an der Gesprächsführung des Seelsorgers – und was nicht? (**+ oder – Zeichen**)
- Warum beantwortete der Seelsorger zunächst die an ihn gestellte Frage nicht?
- Wo werden in diesem Gespräch Weichen gestellt? (**W**)
- Wozu ermutigt der Seelsorger in diesem Gespräch? (**E**)
- Wo scheint der persönliche Glaube des Seelsorgers durch? (**G**)

Lesen Sie mit diesen Fragen noch einmal aufmerksam das Gesprächsprotokoll und markieren Sie mit den vorgeschlagenen Zeichen die jeweiligen Stellen, die Ihnen für die Beantwortung der Fragen wesentlich erscheinen.

Anschließend erfolgt die gemeinsame Auswertung des Gesprächs in der Gruppe.

Gott klagen

Einfühlsam geht der Seelsorger auf die Situation der Schwerkranken ein. Er bekennt sich offen dazu, dass die Frage nach dem Leid der Welt auch für ihn eine schwierige Frage ist, und er erliegt nicht der Versuchung, diese Frage trotz der Aufforderung der Patientin allgemein zu beantworten. Er spürt ganz richtig, daß es der Kranken nur vordergründig um das Elend der Flüchtlinge in Pakistan geht, weil ihr die Frage nach dem eigenen Leid viel mehr zu schaffen macht. Behutsam – in eine vorsichtige Frage gekleidet – spricht er dies an: *Geht es Ihnen nicht auch oder vor allem um Ihr persönliches Leid?* Dann ermutigt er die Kranke zur Klage an Gott: *Sagen Sie es Gott, wie hart es für Sie ist und wie ungerecht es Ihnen erscheint.*

Das ist eine befreiende Entdeckung, die wir an vielen Stellen in der Bibel machen können:

Hinter den Fragen die tiefer liegende Not sehen

Menschen klagen Gott ihr Leid.

Sie tun es in einer Weise, die uns manchmal den Atem stocken lässt. Da bricht es aus einem *Jeremia* heraus, der an der Last des Prophetenamtes zerbricht: *Warum bin ich doch aus dem Mutterleib hervorgekommen, wenn ich nur Jammer und Herzeleid sehen muss und meine Tage in Schmach zubringe!* (Jeremia 20,18).
Ebenso klagt *Hiob* Gott sein Leid, ohne ein Blatt vor den Mund zu nehmen: *Warum lässt du mir keinen Atemzug Ruhe? Hab ich gesündigt, was tue ich dir damit an, du Menschenhüter? Warum machst du mich zum Ziel deiner Anläufe, dass ich mir selbst eine Last bin?* (Hiob 7,19f.).
Hier wenden sich Menschen mit der Frage nach dem Warum direkt an Gott. Trotz Leid, oder gerade wegen des Leides, kommen sie nicht von Gott los. Sie wissen: Gott hat das Leid verursacht – oder doch zugelassen –, und er allein kann es wieder wenden.

Gott selbst mit der Frage nach dem Warum bestürmen

So finden wir in vielen Psalmen die an Gott gerichtete Klage: *Warum?* Und: *Wie lange noch?* Und selbst Jesus fragt am Kreuz: *Mein Gott, mein Gott, warum hast du mich verlassen?* (Matthäus 27,46; vgl. mit Psalm 22,2). Auch aus ihm bricht die unerklärliche Warum-Frage hervor. Er ist dadurch jedem Menschen nahe, der unter der Last seines Leides zusammenbricht.

Es ist ein großer Verlust, dass wir es in unseren Gottesdiensten fast vollständig verlernt haben, unser Leid Gott zu klagen. Manche haben das Gefühl, Klagen wäre etwas Unerlaubtes – etwas für Men-

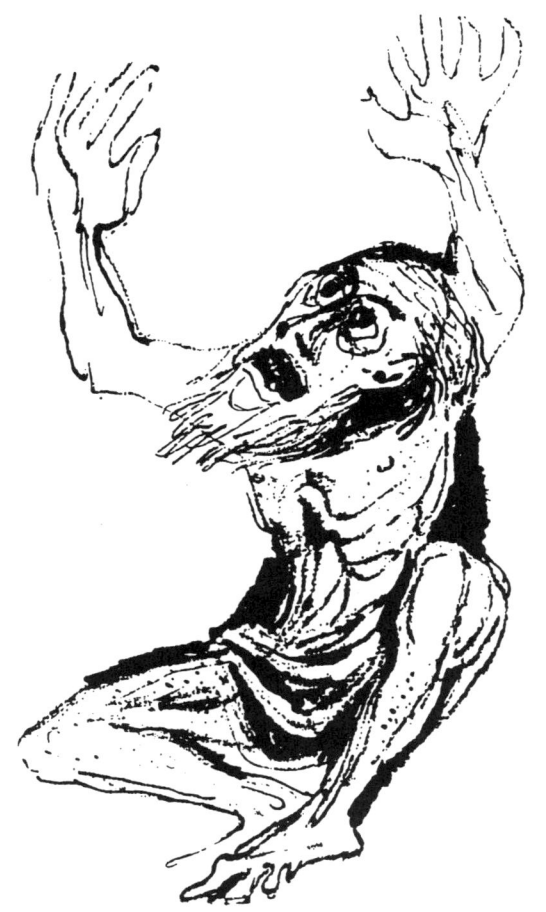

Hiob 3, von Albert Birkle

schen, die nicht richtig glauben. Dabei ist die Klage gerade das Mittel, um in jenen Situationen den Kontakt zu Gott nicht abreißen zu lassen, wo er uns aus lauter Angst und Verzweiflung aus dem Blickfeld gerät. In der Klage stellt der Beter sich der Verborgenheit Gottes, appelliert an seine versprochene Güte. Er kommt eben so nicht von ihm los.

Auf der anderen Seite fällt auf, dass sich immer häufiger Menschen **über** Gott beklagen, ohne wirklich noch mit seiner Antwort oder Hilfe zu rechnen. Es scheint, als ob sie mit Gott fertig wären. In diesem Zusammenhang stimmt der Satz von *Hans Bürki* nachdenklich:

> *Wer aufhört, Gott sein Leid zu klagen,*
> *der fängt an, sich über Gott zu beklagen*
> *und endet womöglich kläglich.*

... und was bleibt am Ende?

Gibt es eine Antwort auf die Warumfrage? In der Bibel jedenfalls nicht. Jesus wehrt es ausdrücklich ab, auf die Frage nach der Ursache menschlichen Leids eine rationale Antwort zu geben. Als er bei der Heilung eines Blindgeborenen (nachzulesen in Johannes 9) gefragt wird, was denn die Ursache für die Blindheit des Jungen sei: die Sünde der Eltern oder die ihres Jungen, lehnt er eine Antwort auf das Warum ab. Er sagt: *Es hat weder dieser gesündigt noch seine Eltern, sondern es sollen die Werke Gottes offenbar werden an ihm* (Vers 3).

Keine Antwort auf das Warum

Für Jesus ist nicht das Warum wichtig, sondern entscheidend, was Gott aus dem Leiden eines Menschen machen kann und will. Und damit wird deutlich: Das Leid hat nicht das letzte Wort. Mitten im Leid dürfen wir erfahren, dass Gott größer ist und uns auch im Leiden beisteht.

Am Schluss des Gesprächs mit der krebskranken Patientin lässt der Seelsorger diese Zuversicht behutsam anklingen: *Im Glauben finden wir ihn selber, den Herrn, den Gott, der mit uns geht."*

Beter, die mit drastischen, fast vorwurfsvollen Worten Gott ihr Leid geklagt haben, machen die Erfahrung, am Ende doch bei Gott gehalten und geborgen zu sein: Was als Klage begann, endet mit einem Bekenntnis der Zuversicht.

Ein schönes Beispiel dafür ist Psalm 61, den wir zum Abschluss des Gesprächs gemeinsam in einer Übertragung von *Peter Spangenberg* beten wollen.

Bei dir kann ich mich verankern

Lieber Gott, leih mir dein Ohr,
ich strecke alle meine Fühler nach dir aus.
Von ganz weit weg wende ich mich an dich;
denn ich habe Angst, dunkle, leere Angst.
Kannst du mich nicht an einen hohen Punkt führen,
von dem aus alles anders aussieht?
Denn bei dir kann ich mich verankern,
du bist mein sicherer Hafen
und grenzt mich ab von alldem, das mich bedrückt.

In deiner Nähe
möchte ich wieder
zu Hause sein,
und unter deinem Lächeln
möchte ich glücklich
werden.
Ich habe dir
einmal versprochen,
mein ganzes Leben
lang zu dir zu gehören.
So soll es auch sein,
und ich freue mich,
daß ich viele kenne,
die auch so eingestellt sind.

Ich habe noch eine Bitte:
Gib den Guten unter den Regierenden ein langes Leben,
daß sie noch viele Jahre Gutes ermöglichen können
und ihre Verantwortung vor dir erkennen.
Nimm sie in deine Obhut und in deinen Segen
wie in ein großes helles Haus.
Ich aber will wieder neu
von dir singen und erzählen,
damit ich täglich mein Wort einlöse.
Amen.

Peter Spangenberg

6. Dem eigenen Glauben eine Sprache geben

Dass wir Christen unseren Glauben häufig verschweigen und uns schwer tun, mit anderen offen darüber zu reden, hat seinen Grund nicht nur in dem Gefühl der Peinlichkeit und Scham, das unser persönliches Reden vom Glauben umgibt. Wir spüren oft auch eine Unbeholfenheit, für unseren Glauben die richtigen Worte zu finden. Es hat den Anschein, als ob unsere Worte die Lebenswirklichkeit anderer Menschen nicht erreichen.

Wir kommen uns wie Ausländer vor, deren Sprache von andern nicht verstanden wird. Biblische Aussagen und Begriffe, die uns womöglich viel bedeuten, empfinden andere als schwer verdauliche dogmatische Brocken – oder als nichts sagende religiöse Floskeln. So kann das zentrale biblische Bekenntnis *Jesus ist für uns gestorben!* von Menschen, die mit der biblischen Botschaft nicht vertraut sind, völlig falsch aufgefasst werden.

Wenn Christen nicht verstanden werden

Jesus ist auch für Sie gestorben

49

Wenn eine so zentrale Aussage wie *Jesus ist für uns gestorben!* von anderen Menschen nicht mehr verstanden wird, möchte man eigentlich kapitulieren und lieber ganz den Mund halten. Aber wir wollen nicht so schnell die Flinte ins Korn werfen, sondern stattdessen versuchen, mit anderen Worten auszudrücken, was der wesentliche Inhalt unseres Glaubens ist.

Dazu machen wir eine erste kleine Übung: Jeder formuliert in zwei bis drei knappen Sätzen, welche Bedeutung Jesus für sein Leben hat. Bei diesem Bekenntnis sollten folgende Vorgaben beachtet werden:

- Wichtige biblische Begriffe wie Sünde, Gnade, Kreuz, Versöhnung, Heil etc. dürfen nicht verwandt werden.

- Es sollte deutlich werden, was Jesus für meinen konkreten Alltag bedeutet.

- Ich versuche aufzuzeigen, worin Jesus für mich einzigartig ist.

Was mir persönlich Jesus bedeutet:

_____

_____

_____

_____

_____

_____

_____

_____

Wir nehmen uns etwa 5 - 7 Minuten Zeit für die schriftliche Formulierung des eigenen Bekenntnisses. Anschließend lesen wir uns in Dreier- oder Vierer-Gruppen wechselseitig unsere Texte vor. Dabei kommentieren oder kritisieren wir nicht den Inhalt unseres Bekenntnisses, sondern versuchen, mit den Ohren von Menschen zu hören, denen Jesus bisher eher fremd und fern ist: Ist für sie verständlich, was wir formuliert haben? Welche Aussagen geben Anlass zu klärenden Rückfragen: *„Was meinst du, wenn du sagst..."*?

Das Evangelium ist ganz einfach

Die Bibel ist ein dickes Buch: In ihr wird uns auf vielen hundert Seiten die Geschichte Gottes mit uns Menschen von der Erschaffung der Welt bis zu ihrer Vollendung erzählt. Man könnte vermuten: Eine höchst komplizierte, problemgeladene Geschichte! Und an dieser Vermutung ist ja auch etwas dran. Aber es gibt in dieser Geschichte etwas, das sich wie ein roter Faden durchzieht. Es ist die unbegreifliche Tatsache, dass Gott trotz immer wiederkehrender Rebellion und häufigen Misstrauens seiner Geschöpfe gegen ihn die Liebe zum Menschen nicht verloren hat. Er lässt trotz mancher Gerichte und Strafen nicht von ihnen ab, wirbt immer wieder neu um ihr Vertrauen und sucht zu einer dauerhaften Versöhnung mit ihnen zu kommen. Dabei geht er bis zum Äußersten: Er lässt seinen Sohn Jesus Mensch werden. Ihn – den einzig wirklich Unschuldigen –, gibt er dem Verbrechertod am Kreuz preis, um uns Menschen für immer in die Gemeinschaft mit ihm zurückzugewinnen.

Gottes Liebe zum Menschen ist ungebrochen

Darum steht in der Mitte der Bibel *das Evangelium:* die gute Nachricht vom Triumph der Liebe Gottes über alle Schuld und Unversöhnlichkeit der Menschen. Und darum lässt sich der ganze Inhalt des dicken Bibelbuches in wenige, elementare Aussagen zusammenfassen:

1 Gott hat den Menschen und die Welt geschaffen. Wir sind keine Zufallsprodukte, noch einem blinden Schicksal ausgeliefert. Wir sind von Gott gewollt und bejaht.

2 Der Mensch lebt in der Trennung von Gott. Gleichgültigkeit oder Misstrauen bestimmen das Verhältnis zu seinem Schöpfer – bei vielen Menschen bis heute.

3 Doch Gottes Liebe zu den Menschen ist ungebrochen. Er schickt Jesus und lässt ihn für uns am Kreuz sterben: Damit wirbt er auf unüberbietbare Weise ein letztes Mal um unsern Glauben, unser Vertrauen.

4 Wo Menschen anfangen, Jesus zu vertrauen, beginnt die zerbrochene Beziehung zu Gott zu heilen: Sie bekommen Frieden mit Gott – und zugleich Anschluss an seine Gemeinde. Dort entdecken sie ihre Gaben und Fähigkeiten, die sie gerne für andere einsetzen.

5 Durch den Glauben wird in den Menschen zugleich die Hoffnung entfacht: Gott wird mit dieser Welt trotz aller Widrigkeiten an sein Ziel kommen. Am Ende wird die Herrlichkeit Gottes vor allen sichtbar werden, und wir dürfen Anteil daran haben.

Das ganze Evangelium in wenigen Sätzen

Fehlen Ihnen in dieser Zusammenfassung elementare Aussagen? An welcher Stelle? Halten Sie andere Formulierungen unter dem Gesichtspunkt der Elementarisierung für verzichtbar? Welche?

Rechenschaft über den Glauben geben

In 1. Petrus 3,15 werden die Christen ermuntert: *Seid allezeit bereit zur Verantwortung vor jedermann, der von euch Rechenschaft fordert über die Hoffnung, die in euch ist.*

Ein Kartell des Schweigens

Leider wird diese Aufforderung nur allzu selten befolgt. Einerseits geschieht es selten, dass andere Menschen von uns Rechenschaft über unseren Glauben und unsere Hoffnung fordern. Für wen Religion Privatsache ist, der wird sich auch nicht bemüßigt sehen, dem Glauben der Christen einmal auf den Zahn zu fühlen. Andererseits scheint es uns Christen oft ganz recht zu sein, wenn wir unbehelligt bleiben und unseren Glauben eher unerkannt leben.

Statt eines lebendigen Dialogs erlebt man häufig eher ein „Kartell des Schweigens". Schade! Denn im Gespräch über den Glauben könnten wir voneinander lernen, wobei wir Christen vor allem lernen könnten, wo und warum viele Menschen mit dem Glauben Probleme haben. Zugleich würden wir mehr Übung darin bekommen, möglichst konkret, anschaulich und authentisch von unserem eigenen Glauben zu erzählen.

Wir Christen sollten nicht warten, bis wir gefragt werden. Wir können jetzt schon das Gespräch über den Glauben einüben, indem wir in unseren Gemeindekreisen und Gruppen – sozusagen in einem geschützten Rahmen – damit beginnen. Dazu kann auch das folgende *Rollenspiel* beitragen:

Es werden aus der Gruppe zwei Freiwillige gesucht, die bereit sind, über ihren Glauben Auskunft zu geben und sich daraufhin auch kritischen Rückfragen zu stellen bzw. auf den Zahn fühlen zu lassen. Zwei weitere Gruppenmitglieder übernehmen die Rolle interessierter, aber zugleich auch kritischer Gesprächspartner. Die übrigen Gruppenmitglieder schlüpfen in die Rolle aufmerksamer Zuhörer und verfolgen das Gespräch, indem sie dabei folgende Aspekte bedenken:

- *Hat das Gespräch einen roten Faden? Ist es sprunghaft? Schweift es auf Nebensächlichkeiten ab?*

- *Wie ist die Atmosphäre des Gesprächs: Engagiert und offen? Verhärtet? Unsachlich? Entspannt? Entwickelt es sich zum Schlagabtausch?*

- Wie gehen die beiden auf die Argumente und Einwände ihrer Gesprächspartner ein? Einfühlsam und aufgeschlossen? Führen sie Gegenargumente ins Feld? Erzählen sie persönlich vom Glauben?

- Wirkt das Verhalten authentisch und glaubwürdig? Oder abgehoben? Weltfremd?

- Ist die Sprache verständlich? Persönlich gefärbt? Oder dogmatisch? Formelhaft?

Das Gespräch wird von einem der beiden Christen eröffnet: „Haben Sie einen Augenblick Zeit? Dürfen wir Ihnen erzählen, warum wir Christen sind und was uns der Glaube bedeutet? Uns interessiert nämlich, wie Sie unseren Glauben einschätzen. Welche Fragen und Kritik Sie dazu haben …“
Das Gespräch sollte nicht länger als 20 Minuten dauern.
Danach erfolgt die Auswertung, wobei zunächst die Zuhörer ihre Eindrücke schildern und anschließend die am Gespräch Beteiligten.

Lernschritte und Stolpersteine

Das gerade empfohlene Rollenspiel wurde mit ganz unterschiedlichen Gruppen in zahlreichen Gemeinde-Seminaren „ausprobiert“. Dabei zeigte es sich, dass häufig ganz ähnliche Erfahrungen gemacht wurden:

- Es ist offensichtlich leichter, in die Rolle von Nichtchristen zu schlüpfen und lauter kritische Fragen zu stellen bzw. Einwände gegen den Glauben vorzubringen, als in der Rolle der Christen Rechenschaft über den eigenen Glauben zu geben.

  Fragen ist leichter

- Immer wieder tappen Christen in die Falle, auf alle Fragen und Einwände möglichst rasch zu antworten oder Argumente zu finden, statt zunächst einmal zu versuchen, Hintergrund oder Anlass zu einer Frage oder Kritik besser zu verstehen. Wir müssen nicht auf alle Fragen eine Antwort haben, aber wir sollten uns vor allem bemühen, die Fragen zu verstehen, z.B. auch dadurch, dass wir noch einmal zurückfragen: „Habe ich Sie richtig verstanden?“ … „Können Sie mir das etwas näher erläutern?“ …

  den persönlichen Ton finden

- Wenn Christen eigene Fehler eingestehen können und zugeben, dass auch in ihrem Leben als Christen nicht alles glatt läuft, dann wird das in der Regel von ihren Gesprächspartnern mit Sympathie zur Kenntnis genommen. Allerdings lauert dabei

  interessant sind wir durch unser Anderssein

auch die Gefahr der Anbiederung: Wer als Christ beteuert, dass er ja auch nur ein armer Sünder ist, der im Leben viele Fehler macht, wirkt damit nicht schon überzeugend. Christen sind für andere Menschen dann interessant, wenn sie glaubwürdig erklären können, wie sie trotz eigener Fehler und Pleiten dennoch zuversichtlich glauben, dass ihr Leben gelingt.

nicht das fromme Ich steht im Mittelpunkt
- Auch wenn der persönliche Ton in diesen Gesprächen eine wichtige Rolle spielt, so kommt es dabei doch auf die Betonung an: Nicht der eigene Glaube und persönliche Glaubenserfahrungen stehen im Mittelpunkt, sondern der barmherzige Gott, der uns Menschen wohl tut. Andere sollen nicht dieselben Erfahrungen wie ich machen, wohl aber auf ihre ganz individuelle Weise denselben Gott kennen lernen.

Rechnen mit Gottes geschenkter Chance
- Selten ergibt sich in solchen als Rollenspiel durchgeführten Gesprächen die Gelegenheit, miteinander einen Schritt weiterzugehen, z.B. durch die Verabredung zu einem weiteren Gespräch, die Einladung zu einer christlichen Veranstaltung oder die Ermutigung zum Gebet. Man kann so etwas nicht planen, sonst wirkt es allzu schnell aufgesetzt und zwanghaft. Aber wir sollten uns immer offen halten für die besondere, uns von Gott geöffnete Chance zu einer persönlich ausgesprochenen Einladung oder Ermutigung.

Impulse   Impulse   Impulse   Impulse   Impulse

In unserer ersten Übung haben wir uns bemüht, in dem persönlich formulierten Glaubensbekenntnis zentrale biblische Begriffe zu vermeiden. Doch das Sprachproblem ist ja noch nicht damit gelöst, dass wir auf bestimmte Worte einfach verzichten. Wir müssen viel mehr lernen, sie angemessen in unsere heutige Lebenswirklichkeit zu übersetzen. Die folgenden Begriffe bzw. Formulierungen sollen möglichst knapp und präzise gedolmetscht werden. Dies kann durch einen anderen, allgemein verständlicheren Begriff oder durch einen erläuternden Satz geschehen.

SÜNDE _____

_____

_____

_____

GNADE _____

_____

_____

HIMMEL _____

_____

_____

HÖLLE _____

_____

_____

ZUM GLAUBEN FINDEN _____

_____

_____

VERLOREN GEHEN _____

_____

_____

EWIGES HEIL _____

_____

_____

Alternativ zu dieser Aufgabe gibt es einen *Übersetzungs-Auftrag* für fortgeschrittene Dolmetscher der Sprache Kanaans. Das folgende Zeugnis eines tief frommen „Kanaanäers" soll ins heutige Deutsch übersetzt werden:

Lange habe ich mit mir gerungen, ob ich mein Leben dem Herrn hingeben soll. Schließlich fand ich in seiner Gnade den Weg zur Buße. Unter dem Kreuz legte ich meine Sündenlast ab. Ich übergab mich dem Herrn, um ihm fortan als Jünger nachzu-

wandeln. Oft werde ich dabei von den hinterlistigen Angriffen des Teufels angefochten, der seine feurigen Pfeile auf mich abfeuert, um mich in den Sündenpfuhl zurückzulocken. Aber der Herr steht mir bei. Durch ihn habe ich die Freudigkeit, in meiner irdischen Pilgerschaft weiter zu wallen. Seine Salbungen sind mir dabei eine erquickende Stärkung. Was wird es erst für ein Jubel sein, wenn ich dereinst zur oberen Schar gehöre und in den Lobpreis der himmlischen Chöre mit einstimme.

Übersetzung ins heutige Deutsch:

_____

_____

_____

_____

_____

_____

_____

_____

_____

_____

_____

_____

_____

_____

Lesen Sie sich abschließend in der Gruppe die Ergebnisse Ihrer Übersetzungsbemühungen vor. Trifft das, was Sie vorschlagen, den Kern der in der Sprache Kanaans ausgedrückten Sache? Ist bei der Übersetzung des vorgegebenen Textes in unsere Alltagssprache etwas verloren gegangen? Haben die allgemein verständlicheren Worte und Begriffe noch Tiefgang? Oder sind sie oberflächlicher? Tauschen Sie sich darüber aus.

7. Gespräche bei Gelegenheit

Wenn wir andern Menschen begegnen und sich unverhofft ein Gespräch ergibt, möchten wir als Christen nicht gleich mit der Tür ins Haus fallen, indem wir unsern Gesprächspartner unvermittelt mit der Frage nach Gott konfrontieren. Vermutlich würde ein solches Vorgehen bei unserem Gegenüber eher Befremden hervorrufen und ihn innerlich auf Distanz gehen lassen. Oder er würde rasch das Thema wechseln, weil er sich bei der Frage nach Gott nicht wohl bzw. unterlegen fühlt.

Es gibt Gespräche über den Glauben, in denen dem Glauben eher kritisch oder distanziert Gegenüberstehende den Eindruck gewinnen, sie würden einem Verhör unterzogen und müssten sich rechtfertigen. Klar, dass solche Gespräche die alten Vorurteile über das Christsein eher bestätigen, als dass sie einen ehrlichen Dialog ermöglichen: „Ja, da sieht man's mal wieder: Der hält sich als Christ wohl für was Besseres!"

Vielleicht war das persönliche Glaubenszeugnis aufrichtig und als Anstoß zum Nachdenken gedacht, aber bei dem Gegenüber löst es eher Befremden und Irritation aus.

Nicht mit der Tür ins Haus fallen

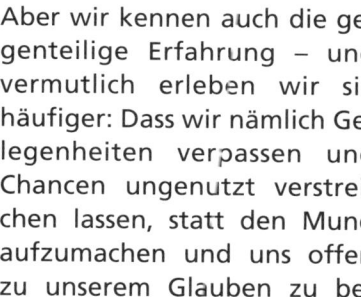

Aber wir kennen auch die gegenteilige Erfahrung – und vermutlich erleben wir sie häufiger: Dass wir nämlich Gelegenheiten verpassen und Chancen ungenutzt verstreichen lassen, statt den Mund aufzumachen und uns offen zu unserem Glauben zu bekennen, wo wir aus Ängstlichkeit oder Feigheit schweigen. Oder wo wir uns mit nichts sagenden Floskeln davonstehlen, statt durch interessierte Rückfragen ein vielleicht hilfreiches Gespräch zu eröffnen. – Wir wollen uns einige dieser typischen verpassten Gelegenheiten bzw. falschen Reaktionen an den folgenden kurzen Dialogen vor Augen führen und überlegen, wie wir aufmerksamer den Gesprächsfaden hätten aufnehmen können.

Chance verpasst

Verpasste Chancen –
Unsensible Reaktionen

Gespräch am Zaun

Beispiel A

Am Gartenzaum ergibt sich folgendes kurzes Gespräch zwischen zwei Nachbarinnen:

Frau Müller: Guten Morgen, Frau Meier. Heute ist ja mal wieder ein schöner Tag. Am liebsten möchte man so richtig faulenzen.

Frau Meier: *Ja, schön ist es heute. Aber ich muss gleich zum Arzt. Und das ist alles andere als schön.*

Frau Müller: Ja, Arztbesuche sind selten angenehm. Hauptsache, man kommt gleich dran und muss nicht so lange im Wartezimmer sitzen.

Frau Meier: *Wenn ich ehrlich bin, dann habe ich schon einen Bammel vor der Untersuchung.*

Frau Müller: Ach, lassen Sie den Kopf nicht hängen. Das wird schon alles gut ausgehen.

Frau Meier: *Das sagen Sie so einfach. Ich hab' die ganze Nacht kein Auge zugetan.*

Frau Müller: Soll ich Ihnen eine von meinen Schlaftabletten geben? Die wirken garantiert.

Frau Meier: *Nein, danke. Ich hoffe, dass ich nächste Nacht wieder besser schlafen kann.*

Impulse   Impulse   Impulse   Impulse   Impulse

Bitte versetzen Sie sich in die Rolle von Frau Müller.

- An welchen Stellen hat sie Ihrer Auffassung nach unsensibel bzw. falsch reagiert?

- Was hätte sie stattdessen ihrer Nachbarin sagen bzw. fragen sollen?

- Wie könnte man in diesem kurzen Gespräch helfend vom Glauben reden?

Gespräch im Zugabteil

Beispiel B

Sie steigen in einen Zug und finden in einem Abteil noch zwei freie Plätze. Zwischen zwei Zuggästen im Abteil entwickelt sich folgendes Gespräch:

Zuggast A: Ich sehe, Sie lesen gerade den SPIEGEL. Diesmal haben sie in der Titelstory ja die katholische Kirche ganz schön aufs Korn genommen.

Zuggast B: *Ja, das habe ich gerade gelesen. Gut, dass wenigstens die Journalisten keinen Respekt vor Kirche und Papst haben und ihnen kritisch auf die Finger schauen.*

Zuggast A: Die Kirche hat sowieso zu viel Macht. Von der Kanzel predigen sie die Nächstenliebe, aber hinter den Kulissen geht's ihnen auch nur um Macht und Einfluss. Na ja, ich habe längst die Konsequenzen gezogen und bin aus der Kirche ausgetreten.

Zuggast B: (lacht) *Ich bin nicht katholisch. Aber was sich die Evangelische Kirche leistet, überzeugt mich auch nicht. Sie will in der Politik mitreden, mischt sich überall ein, und dabei werden die Kirchen immer leerer.*

Zuggast A: Ich finde, nach 2000 Jahren wird es Zeit, dass die Kirchen bei uns abdanken. Wenn ich sehe, was die in dieser Zeit alles angerichtet haben – Kreuzzüge, Hexenverbrennung, Inquisition, Ausbeutung der Kolonien, Vergewaltigung der Gewissen –, da wird mir jetzt noch schlecht.

Zuggast B: *Na, ganz so negativ sehe ich das nicht. Es gibt auch manches Gute an der Kirche. Ich habe jedenfalls meine Kinder taufen lassen, und Weihnachten ohne Gottesdienst in der Kirche kann ich mir eigentlich nicht vorstellen. Das gehört einfach zu Weihnachten dazu.*

Zuggast A: Ich bin ja auch nicht grundsätzlich gegen Religion eingestellt. Nur bin ich entschieden der Meinung, dass man für den Glauben keine Kirche braucht.

Zuggast B: *Da haben Sie natürlich völlig Recht.*

Impulse   Impulse   Impulse   Impulse   Impulse

Sie waren als mitreisender Abteilgast ungewollt Zuhörer dieses Gesprächs – und haben es schweigend mit angehört. Dabei hätten Sie durch Ihre Beiträge dem Gespräch vielleicht eine interessante Wende geben können

Bitte überlegen Sie in einer kleinen Gruppe jeweils zu dritt oder viert:

● An welcher Stelle des Gesprächs hätten Sie sich als Christ in das Gespräch mit einbringen können?

● Was hätten Sie dann als Erstes gesagt bzw. gefragt?

● Spielen Sie einmal einen denkbaren Verlauf des Gespräches durch, bei dem Sie sich als Christ eingemischt hätten.

Gesprächs-Einstiege

Wir wollen nicht „mit der Tür ins Haus fallen", uns nicht mit frommen Floskeln aus dem Staub machen, aber ebenso wenig die Gelegenheiten zu einem persönlichen Gespräch über den Glauben verpassen. Nicht selten entscheidet sich allerdings schon an dem ersten Satz, der ersten Frage, ob mein Gesprächspartner den Ball aufnimmt – oder ihn ins Leere laufen lässt.

Impulse   Impulse   Impulse   Impulse   Impulse

Die folgende kleine Übung will uns sensibel machen für einen angemessenen Gesprächs-Einstieg. Wie reagiere ich auf die spontanen Bemerkungen meines Gesprächspartners? Bitte notieren Sie, was Sie in der betreffenden Situation sagen würden. Tauschen Sie sich anschließend in der kleinen Gruppe über Ihre Antworten aus. Welcher der gewählten Gesprächs-Einstiege überzeugt Sie am meisten?

Gesprächs-Situation 1: „Man darf nicht klagen."
Ich: „Hallo, Herr Schmidt. Wie geht's Ihnen?"
Herr Schmidt: „Ach, man darf nicht klagen!"
Ich: _____

_____

Gesprächs-Situation 2: Auf dem Nachhauseweg vom Elternabend
Frau Krause: „Na, Sie haben's gut. Sie brauchen sich wegen der Schulleistungen Ihrer Nicole keine Sorgen zu machen. Wenn unser Matthias aber so weitermacht, muss ich ihn vom Gymnasium nehmen. Dann rastet mein Mann aus. Die beiden haben ja jetzt schon dauernd Stress miteinander."
Ich: _____

_____

Gesprächs-Situation 3: Auf der Geburtstagsfeier einer 80-jährigen Nachbarin
Frau Schulze: „Der Pastor hat sich heute auch noch nicht blicken lassen. Die von der Kirche stehen immer dann auf der Matte, wenn sie Geld von uns haben wollen wie neulich wieder bei der Diakonie-Sammlung."
Ich: _____

_____

Tipps für ein einfühlsames Gespräch

1. Wichtiger als jedes Wort ist zunächst die Haltung, mit der ich mich meinem Gesprächspartner zuwende: Ist diese Haltung ehrlich, interessiert, aufmerksam und liebevoll?

   Liebevolles Interesse

2. Dieses Interesse äußert sich zunächst häufig in Anteil nehmenden Fragen (vgl. Seite 12, „Von Jesus lernen"). Statt vorschnell Antworten auf Fragen zu geben, die mir nicht gestellt wurden oder Ratschläge zu erteilen, um die ich nicht gebeten wurde, möchte ich erst einmal den andern verstehen und mich in seine Situation – so gut es geht – hineinversetzen. Durch einfühlsames Fragen kann ich neue Denkprozesse bei meinem Gegenüber auslösen.

   Anteilnehmende Fragen

3. Manche Fragen sind ausgesprochen hilfreich bzw. weiterführend, wenn es um die Bewältigung von Lebensproblemen geht, so z.B. die Frage nach der Kraft oder dem Halt in Notzeiten. „Woher nehmen Sie die Kraft?", oder: „Was gibt Ihnen in dieser schwierigen Lebenssituation Halt?" Mit solchen Fragen werden Gesprächspartner oft aufgeschlossen für die Erfahrungen von Halt und Geborgenheit, die Sie im Glauben an Christus machen.

   Woher kommt die Kraft? Was gibt Halt?

4. Wenn Sie von Ihren eigenen Erfahrungen im Glauben sprechen, tun Sie es bitte so, dass dabei nicht das „fromme Ich" im Mittelpunkt steht. Ihr Gesprächspartner soll Sie nicht wegen Ihres Glaubens und der damit gemachten Erfahrungen bestaunen. Machen Sie ihm vielmehr Mut, Gott mit seinen Zusagen beim Wort zu nehmen. Stellen Sie Gottes helfende und heilende Liebe heraus.

   Gottes Liebe bezeugen

5. Nehmen Sie die bei Ihrem Gesprächspartner vorhandenen „Reste" an Glauben und das noch vorhandene Wissen darüber ernst, und machen Sie es keinesfalls madig. Widerstehen Sie der Versuchung, Ihren Vorsprung an Glauben und Wissen als Überlegenheit auszuspielen und Ihren Gesprächspartner in Glaubensfragen dumm aussehen zu lassen. Machen Sie sich immer klar: Gott kennt und liebt Ihren Gesprächspartner, auch wenn diese Liebe bisher noch nicht erwidert wurde.

   Keine Überlegenheit ausspielen

Eine unerwartete Begegnung

In seinem Buch „Sag mir, was du denkst" schildert Kurt Scheffbuch von Begegnungen mit Andersdenkenden, in denen oft überraschend die Frage nach Gott bzw. der christliche Glaube zum Thema wurden. Eine dieser Geschichten trägt den Titel „Eine unerwartete Begegnung" und ist ein Beispiel für eine gelungene, zum Wesentlichen vorstoßende Kommunikation. Wir geben sie hier in gekürzter Form wieder.

Der Zug war ziemlich voll. Im Speisewagen fand ich gerade noch einen Platz und sogar einen kleinen Tisch für mich allein. Das ist's was ich brauche, dachte ich. Endlich mal ausspannen nach den vielen Stunden pausenloser Gespräche.

Ich schaute auf und sah in die fragenden Augen eines Mannes. „Suchen Sie einen Platz?", fragte ich ihn. „Wollen Sie sich hierher setzen?" Er wollte.

Er bestellte etwas, und ich hörte von ihm, dass er auf der Heimfahrt war, ähnlich wie ich, zurück von einer Dienstreise. Wir sprachen über den Beruf: er Naturwissenschaftler und Erfinder, Inhaber unzähliger Patente. Das sah man ihm fast an, diesem kultivierten feinen Herrn, dass er schon einiges geleistet hatte im Leben.

„Da können Sie stolz sein", meinte ich, „Sie haben etwas erreicht um das Sie viele beneiden."

„Das, was Sie meinen, habe ich – gerade nicht erreicht", sagte er und versuchte meine Verblüffung zu überspielen, indem er auf die verlorenen Patentprozesse hinwies und auf manche Gegenspieler die sich seiner Erfolge zu bemächtigen versuchten. Es habe ihn krank gemacht, buchstäblich kaputtgemacht.

Es tat mir weh, was ich hörte. Jetzt war nicht die Zeit für viele Worte. Ich empfand mit ihm und fragte ihn schließlich: „Diese Enttäuschungen – wie kann man damit leben? Wie werden Sie damit fertig?"

Er sah mich traurig an. „Ich werde eben nicht damit fertig. Jetzt wissen Sie es, das ist mein Problem. Aber wieso spreche ich davon? Ich spreche doch sonst mit niemandem darüber."

„Gibt es überhaupt jemand, von dem Sie etwas erwarten?", fragte ich. „Nach so vielen Enttäuschungen?" Als er verneint, kann ich mich nicht zurückhalten. Das darf doch nicht das letzte Wort sein, denke ich, als mir klar wird, dass ich in Kürze aussteigen muss.

Während wir die Visitenkarten austauschen, frage ich: „Wenn Sie von niemandem etwas erwarten können …, was erwarten Sie – darf ich Sie so persönlich fragen – was erwarten Sie von Gott?"
Er stutzt und scheint für einen Augenblick den Atem anzuhalten. Dann höre ich ihn sagen: „Nichts. Absolut nichts. Sie müssen wissen, meine Frau und ich – wir halten nichts vom Christentum. Die Kirche ist für uns gestorben."
Ob er noch einmal einen Versuch machen will? So frage ich ihn fast kleinlaut, wird mir doch bewusst, wie abwegig die Frage empfunden werden muss, wenn man keine Hoffnung mehr hat. Ich verstehe ihn doch nur zu gut, wie weh es tut, von Kirche und Christen etwas erwartet zu haben und enttäuscht worden zu sein. Ich darf jetzt nicht verteidigen, was nicht verteidigenswert ist – die Institution.
„Ich würde so gern mit Ihnen noch einmal ausprobieren – vom Gefrierpunkt Ihrer Enttäuschungen aus – was Gott über unser Leben denkt. Was halten Sie davon, wenn wir den Versuch wagen würden, für eine gewisse Zeit von den Enttäuschungen wegzublicken und hinzublicken zu dem, was Gott selbst sagt?"
Keine Antwort, die Zeit des Abschieds war ohnedies schon gekommen, kurz und herzlich drücken wir uns die Hand.

Runde zwei Wochen später saßen wir wieder zusammen; er hatte die Einladung zu einem Seminar mit Bibelstudium aufgegriffen. Wir saßen an einem Wochenende in einer Runde von 18 Teilnehmern in einem Schwarzwaldhotel und gingen der Frage nach: Was sagt Gott zu unserem Leben? Es war zeitweise fast atemberaubend, was Einzelne an persönlichen Fragen einbrachten und was wir gemeinsam als Antwort in der Bibel entdeckten!
Einige Tage später sandte mir mein neuer Freund einen Brief. Da schrieb er: „Ich war voller Fragen … Dann diese Begegnung, die mir nun gar nicht zufällig zufiel. Das große Erleben, Antworten auf alle meine Fragen und Zweifel zu bekommen. In der Guten Nachricht steht alles, was notwendig ist. Ich verstand die ewige Existenz Gottes. Des Vaters, der seinen einzigen Sohn Mensch werden ließ, um uns alle zu retten. Der Sinn des Heiligen Geistes in alles strahlend vor meinen erstaunten Augen."

Quellenangaben

1. Warum Christen so oft stumm bleiben

Das Gedicht „Ich schäme mich" stammt aus dem Buch Lothar Zenetti, Auf Seiner Spur, Topos plus 327. © Matthias-Grünewald-Verlag, Mainz, 2. Auflage 2001.

2. Die Spuren Gottes im eigenen Leben entdecken

Das Gedicht „Spuren im Sand" findet sich in dem gleichnamigen Buch von Margaret Fishback Powers, © der deutschen Fassung 1996 Brunnen Verlag Gießen, Originalfassung des Gedichts Footprints © 1964 Margaret Fishback Powers. – Manche Anregungen und Gedanken in dieser Einheit verdanke ich dem Kapitel „Vom Mündigwerden der Christen – und wie unser Glaube zur Sprache findet" aus: Burkhard Krause, „Auszug aus dem Schneckenhaus", Aussaat-Verlag, Seite 146ff. – „Wer bin ich?" aus: Dietrich Bonhoeffer, „Widerstand und Ergebung", © Chr. Kaiser/Gütersloher Verlagshaus GmbH, Gütersloh.

3. Von Lebensträumen und Hoffnungsbildern

Der Text „Träume im Wandel" von Waldemar Pisarski findet sich unter der Überschrift „Lebensträume" in dem Heft „Begegnung schaffen im Gespräch", Teil 2, aus der Aktion „Neu anfangen – Eine gemeinsame Aktion der Augsburger Kirchen. – Wolf Biermann, „Das kann doch nicht alles gewesen sein" fand ich in: Wolf Biermann, „Alle Lieder", © 1991 by Verlag Kiepenheuer & Witsch, Köln. – Das Zitat von Paul M. Zulehner ist einem Vortrag entnommen, der in dem Heft „Gottes Lust am Menschen", herausgegeben vom Amt für missionarische Dienste der EKvW, auf den Seiten 22-28 abgedruckt ist.

4. Lebenserfahrungen an der Grenze

Die Geschichten „Die Oma in der Dachkammer", „Vaters Tod" und „Mutters Tod" sind dem Buch von Norbert Blüm, „Dann will ich's mal probieren", Bastei-Lübbe TB, © 1993 Verlagsgruppe Gustav Lübbe GmbH & Co. KG, Bergisch Gladbach, Seiten 24f, 40ff und 45ff entnommen. – Das Gebet „Von guten Mächten treu und still umgeben" von Dietrich Bonhoeffer findet sich im Ev. Gesangbuch unter der Nr. 652 mit der bekannten Melodie von S. Fietz. Das Gebet stammt aus dem Buch Dietrich Bonhoeffer, „Widerstand und Ergebung", © Chr. Kaiser/Gütersloher Verlagshaus GmbH, Gütersloh.

5. Glauben trotz ungelöster Fragen und Zweifel

Das Protokoll des Gesprächs mit einer krebskranken Patientin ist dem Buch H. van der Geest „Unter vier Augen. Beispiele gelungener Seelsorge", © Theologischer Verlag Zürich, 5. Aufl. 1995, Seiten 159 – 166, entnommen. – Die Übertragung des 61. Psalms unter der Überschrift „Bei dir kann ich mich verankern" findet sich bei Peter Spangenberg, „Höre meine Stimme", Die 150 Psalmen der Bibel übertragen in die Sprache unserer Zeit, © Agentur des Rauhen Hauses Hamburg 1995, Seite 75. Bild Hiob 3 von Albert Birkle, © VG Bild-Kunst, Bonn 2002.

6. Dem eigenen Glauben eine Sprache geben

Der Autor der Karikatur „Jesus ist auch für Sie gestorben" konnte leider nicht ausfindig gemacht werden.

7. Gespräche bei Gelegenheit

Der am Ende dieser Einheit abgedruckte Text „Eine unerwartete Begegnung" findet sich in dem Buch von Kurt Scheffbuch, „Sag mir, was du denkst", © 1995 Hänssler-Verlag, D-71087 Holzgerlingen, Seiten 11-13.